U0679580

中华文化风采录

浩瀚经典宝库

历代的史册

孔繁荣 ◎ 编著

北方妇女儿童出版社

·长春·

版权所有　侵权必究

图书在版编目(CIP)数据

历代的史册 / 孔繁荣编著. 一长春 ： 北方妇女
儿童出版社，2017.4（2022.8重印）
　（浩瀚经典宝库）
　ISBN 978-7-5585-0928-5

　Ⅰ．①历… Ⅱ．①孔… Ⅲ．①中国历史－古代史－
介绍 Ⅳ．①K220.4

中国版本图书馆CIP数据核字(2017)第055229号

历代的史册
LIDAI DE SHICE

出 版 人	师晓晖	
责任编辑	吴　桐	
开　　本	700mm×1000mm	1/16
印　　张	6	
字　　数	85千字	
版　　次	2017年4月第1版	
印　　次	2022年8月第3次印刷	
印　　刷	永清县晔盛亚胶印有限公司	
出　　版	北方妇女儿童出版社	
发　　行	北方妇女儿童出版社	
地　　址	长春市福祉大路5788号	
电　　话	总编办：0431-81629600	

定　　价　　36.00元

习近平总书记说："提高国家文化软实力，要努力展示中华文化独特魅力。在5000多年文明发展进程中，中华民族创造了博大精深的灿烂文化，要使中华民族最基本的文化基因与当代文化相适应、与现代社会相协调，以人们喜闻乐见、具有广泛参与性的方式推广开来，把跨越时空、超越国度、富有永恒魅力、具有当代价值的文化精神弘扬起来，把继承传统优秀文化又弘扬时代精神、立足本国又面向世界的当代中国文化创新成果传播出去。"

为此，党和政府十分重视优秀的先进的文化建设，特别是随着经济的腾飞，提出了中华文化伟大复兴的号召。当然，要实现中华文化伟大复兴，首先要站在传统文化前沿，薪火相传，一脉相承，弘扬和发展5000多年来优秀的、光明的、先进的、科学的、文明的和自豪的文化，融合古今中外一切文化精华，构建具有中国特色的现代民族文化，向世界和未来展示中华民族具有独特魅力的文化风采。

中华文化就是中华民族及其祖先所创造的、为中华民族世世代代所继承发展的、具有鲜明民族特色而内涵博大精深的优良传统文化，历史十分悠久，流传非常广泛，在世界上拥有巨大的影响力，是世界上唯一绵延不绝而从没中断的古老文化，并始终充满了生机与活力。

浩浩历史长河，熊熊文明薪火，中华文化源远流长，滚滚黄河、滔滔长江是最直接的源头，这两大文化浪涛经过千百年冲刷洗礼和不断交流、融合以及沉淀，最终形成了求同存异、兼收并蓄的辉煌灿烂的中华文明。

中华文化曾是东方文化的摇篮，也是推动整个世界始终发展的动力。早在500年前，中华文化催生了欧洲文艺复兴运动和地理大发现。在200年前，中华文化推动了欧洲启蒙运动和现代思想。中国四大发明先后传到西方，对于促进西方工业社会形成和发展曾起到了重要作用。中国文化最具博大性和包容性，所以世界各国都已经掀起中国文化热。

中华文化的力量，已经深深熔铸到我们的生命力、创造力和凝聚力中，是我们民族的基因。中华民族的精神，也已深深根植于绵延数千年的优秀文化传统之中，是我们的精神家园。但是，当我们为中华文化而自豪时，也要正视其在近代衰微的历史。相对于5000年的灿烂文化来说，这仅仅是短暂的低潮，是喷薄前的力量积聚。

中国文化博大精深，是中华各族人民5000多年来创造、传承下来的物质文明和精神文明的总和，其内容包罗万象，浩若星汉，具有很强的文化纵深感，蕴含丰富的宝藏。传承和弘扬优秀民族文化传统，保护民族文化遗产，已经受到社会各界重视。这不但对中华民族复兴大业具有深远意义，而且对人类文化多样性保护也有重要贡献。

特别是我国经过伟大的改革开放，已经开始崛起与复兴。但文化是立国之根，大国崛起最终体现在文化的繁荣发展上。特别是当今我国走大国和平崛起之路的过程，必然也是我国文化实现伟大复兴的过程。随着中国文化的软实力增强，能够有力加快我们融入世界的步伐，推动我们为人类进步做出更大贡献。

为此，在有关部门和专家指导下，我们搜集、整理了大量古今资料和最新研究成果，特别编撰了本套图书。主要包括传统建筑艺术、千秋圣殿奇观、历来古景风采、古老历史遗产、昔日瑰宝工艺、绝美自然风景、丰富民俗文化、美好生活品质、国粹书画魅力、浩瀚经典宝库等，充分显示了中华民族厚重的文化底蕴和强大的民族凝聚力，具有极强的系统性、广博性和规模性。

本套图书全景展现，包罗万象；故事讲述，语言通俗；图文并茂，形象直观；古风古雅，格调温馨，具有很强的可读性、欣赏性和知识性，能够让广大读者全面触摸和感受中国文化的内涵与魅力，增强民族自尊心和文化自豪感，并能很好地继承和弘扬中国文化，创造未来中国特色的先进民族文化，引领中华民族走向伟大复兴，在未来世界的舞台上，在中华复兴的绚丽之梦里，展现出龙飞凤舞的独特魅力。

历史规划——国别纪传

历史纵横——编年纪事

历史演绎——断代通史

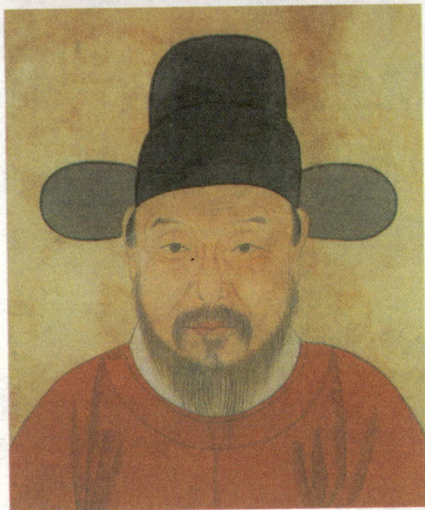

历史通鉴——史学著作

国别体是以本纪、列传人物为纲，时间为纬，反映历史事件的一种史书编纂体例，体裁上属于历史散文范畴，内容上重在纪实，所以表现出来的思想也随所记之人、所记之言不同而各异。纪传体史书的突出特点是通过记叙人物活动，反映历史事件，是记言、记事的进一步结合。

我国第一部国别体史记《国语》、战国时期的史料汇编《战国策》均为国别体的典范之作。而《史记》《后汉书》《晋书》等，既是多种体裁的混合，又有自己特殊的规格。

国别纪传

最早的国别体著作——国语

在我国春秋末期，鲁国有个姓丘名明的人，因其父亲是左史官，所以称左丘明。他品德高尚，胸怀坦荡，深得鲁侯的器重，并担任鲁国太史。

作为太史，左丘明非常关心国家政事，他积极参政议政。有一次，鲁定公想任命孔子为司徒，打算找卿大夫孟氏、叔孙氏和季氏这"三桓"进行商议，就

■ 左丘明（约前502年～约前422年），姓丘，名明。春秋末期鲁国人。春秋时史学家。汉代太史司马迁称其为"鲁君子"。他著有《左传》和《国语》。这两本书记录了很多西周、春秋的重要史事，保存了具有很高价值的原始资料。

事先征求左丘明的意见。

左丘明说：“孔子是大圣人。圣人一当政，犯错误的人就很难保住自己的官位。您要任用孔子，却又想和'三桓'商量，他们怎会支持您的主张呢？”

鲁定公百思不得其解地问道：“你怎么知道他们不会同意？”

左丘明笑了笑，回答道：“从前，周朝有个人很喜欢毛皮大衣，同时也很喜欢美味肉食。他想做件价值千金的皮大衣，于是就去和狐狸商量，直接向狐狸索要皮毛；他想办桌味道鲜美的牲祭，于是就去同羊儿商量，直接向羊索要羊肉。话还没说完，狐狸和羊儿便都躲藏了起来。因此，五年过去了，这人一件皮大衣也没做成；十年过去了，一次牲祭也没做上。原因其实很简单，那就是周人的谋略不对。你打算任命孔子为司徒，却召集三桓来商量，这同与狐狸商量做皮大衣、与羊儿商量做牲祭是同一个道理啊！”

左丘明深深知道，孔子主张削弱三桓，主要加强君权，曾向鲁定公提出过“堕三都”的建议。三都是三桓的3个重要城池，势力所在之地，是三桓对抗公室的私有据点。

左丘明非常清楚三桓与孔子之间的矛盾，所以当鲁定公征求自己意见时，他便用两个寓言故事来说明，建议避开三桓直接任用孔子。于是，鲁定公听从了左丘明的建议，没有征求三桓的意见，直接任命孔子为司徒。左丘明与孔子的关系很好，他的思想也是儒家思想。左丘明曾与孔子一同前往周王室，鼎力支持孔子从政，受到孔子的好评。孔子曾以左丘明为楷模谈论自己的做人原则，他说：

巧言、令色、足恭，左丘明耻之，丘亦耻之；匿怨而友其人，左丘明耻之，丘亦耻之。

史官 我国历代均设置专门记录和编撰历史的官职，统称史官。历代对史官的称谓与分类多不相同，但主要的可以分为记录类和编纂类两者。后来演化出专门负责记录帝王言行录的史官和史馆史官，前者随侍皇帝左右，记录皇帝的言行与政务得失，后者专门编撰前代王朝的官方历史。

三桓 指鲁国卿大夫孟氏、叔孙氏和季氏。鲁国的三桓起于鲁庄公时代。鲁庄公父亲鲁桓公有四子，嫡长子鲁庄公继承鲁国国君；庶长子庆父、庶次子叔牙、嫡次子季友皆按封建制度被鲁庄公封为卿，后代皆形成了大家族，由于三家皆出自鲁桓公之后，所以被人们称为"三桓"。

孔子是说，甜言蜜语、谗言媚色、卑躬屈膝，这种态度，左丘明认为可耻，我也认为可耻；隐匿怨恨而佯装友好，左丘明认为可耻，我也觉得可耻。反映出左丘明是一位诚实耿直、品德优良的人，这与秉笔直书的春秋史官文化精神是一致的。

孔子曾多次赞叹左丘明的"君子"风范，尊称其左丘明，谓之与其共好恶，还与左丘明一起讨论编撰《春秋左氏传》的事。多次赞叹左丘明的高尚品格，还赞扬左丘明的史家文笔。

左丘明博览天文、地理、文学、历史等大量古籍，学识十分渊博。他任鲁国左史官，在任时尽职尽责，德才兼备，为世人所崇拜。

左丘明编修国史，日夜操劳，历时30余年，一部纵贯200余年、18余万字的《春秋左氏传》定稿。此书的历史、文学、科技、军事价值不可估量，为历代史学家和文人所推崇，史称《左传》。《左转》是我国第一部叙事完整的历史著作，也是一部有着极高成就的文学著作。

春秋时期史官文化的一个基本特征，便是崇尚历史文献记录的真实性。史官们把历史的真实性看得很神圣，在记录史事时，往往坚持实事求是、秉笔直书、不虚饰、不隐恶的原则，即使做出牺牲也要捍卫国史的求真精神，表现了史官高尚的职业道德和人格。

左丘明在晚年的时候，由于长期的著述，他的眼睛出了毛病，不得不辞官回乡，不久他双目就失明了。他离开了朝廷，也远离了政治纷争，他看得更加

春秋战国时期的战争场面

清楚，想得更加明白，便不再受束缚了。

左丘明心中强烈的历史使命感使他振作了起来，他想到编撰《左传》还有许多剩余资料，还有许多遗漏之处。特别是当时他身在朝廷还受着某些束缚，有些事他不能写。于是，他决定将几十年来的所见所闻、各诸侯的要闻和君臣得失的事迹和话语记述下来，并取名《国语》，用以警示后人。

盲史官讲述的史事集录成书，便叫作《语》。再按照国别区分，就是《周语》《鲁语》等，总称《国语》。《国语》是我国现存最早的一部国别史，是关于西周、鲁、齐、晋、郑、楚、吴、越八国的人物、事迹、言论的国别史杂记，包括各国贵族间朝聘、宴飨、讽谏、辩说、应对之辞以及部分历史事件与传说，因此也叫《春秋外传》。

《国语》全书21卷，其中《周语》3卷、《鲁语》2卷、《齐语》1卷、《晋语》9卷、《郑语》1卷、《楚语》2卷、《吴语》1卷、

昭公上第十一
昭公中第十二
昭公下第十三
定公第十四
哀公第十五

春秋左傳

隱公

孫月峯先生批點

○惠公元妃孟子孟子卒繼室以聲子生隱公宋
武公生仲子仲子生而有文在其手曰為魯夫
人故仲子歸于我生桓公而惠公薨是以隱公
立而奉之

元年春王正月

元年春王周正月不書即位攝也

三月公及邾儀父盟于蔑

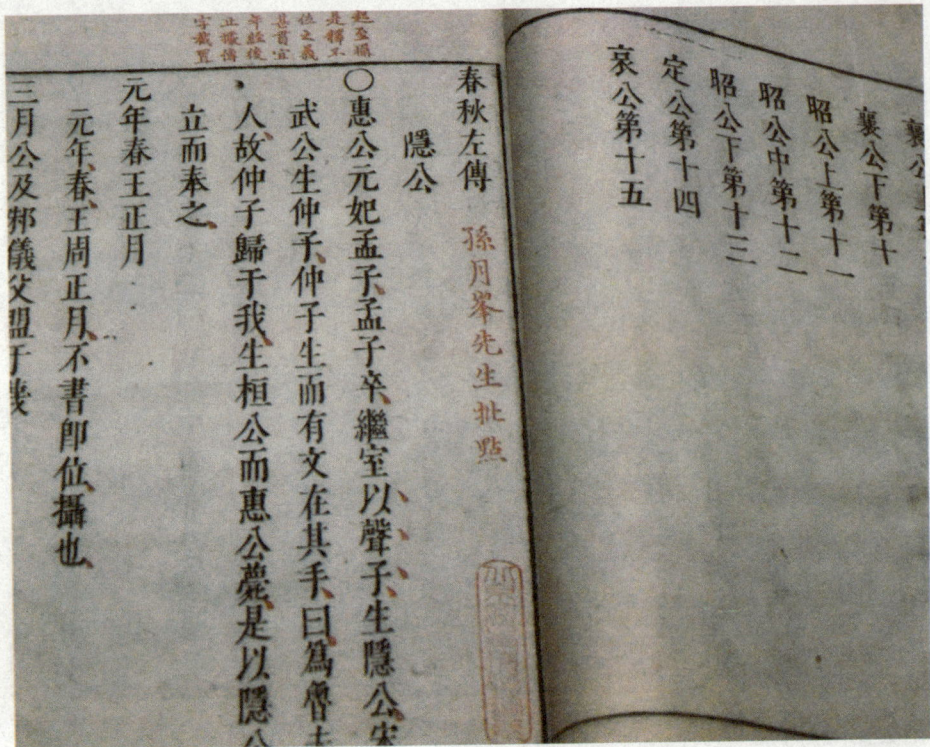

■ 左丘明著作《左传》

朝聘 朝是侯国君主朝见周王；聘是侯国间有事，彼此派遣卿大夫存问。朝见或聘问有一定仪式。朝聘者要献送表明自己身份的珪璋，为"执玉"。受朝聘者则先"辞玉"，后"受玉"，再"还玉"。其间使臣还要向受朝聘者献送方物；受朝聘者对之馈赠，以示答谢。

《越语》2卷。《国语》里各国"语"在全书所占比例不一，每一国记述事迹各有侧重。

《周语》从周穆王开始，记西周早期史实；《鲁语》记春秋时期鲁国之事，但不是完整的鲁国历史，很少记录重大历史事件，主要是针对一些小故事引发的议论；《齐语》记齐桓公称霸之事，主要记管仲和齐桓公的论证之语；《晋语》记录到春秋时期晋国卿大夫智伯灭亡，到战国初期；《郑语》则主要记史伯论天下兴衰的言论；《楚语》主要记楚灵王、昭王时期的事迹，也较少记重要历史事件；《吴语》独记夫差伐越和吴之灭亡；《越语》则仅记勾践灭吴之事。

《国语》记录的历史事迹，是一种价值极高的原始史料，对研究先秦时期历史非常重要，后来司马迁著《史记》时就从中汲取了很多史料。《国语》按照一定顺序分国排列，在内容上偏重于记述历史人物的言论，这是它最大的特点。

《国语》记录了春秋时期的经济、财政、军事、兵法、外交、教育、法律、婚姻等各种内容，具有很强的伦理倾向，弘扬德的精神，尊崇礼的规范，认为"礼"是治国之本，而且非常突出忠君思想。它的政治观比较进步，反对专制和腐败，具有浓重的民本思想。其中主要反映了儒家崇礼重民等观念。《国语》有较为明显的艺术特色，一是长于记言，二是有虚构故事情节。虽然在语言上较为质朴，但从文学的发展角度来看，比《左传》前进了一大步。

《国语》开创了以国分类的国别史体例，对后世产生了很大影响，后来许多国别史都是《国语》体例的发展。另外，其缜密、生动、精练、真切的笔法，对后世进行文学创作有很好的借鉴意义。所以，《国语》与《左传》一起，成为我国历史上最早的珠联璧合的历史文化巨著，对后世贡献巨大。

阅读链接

《国语》的作者自古存在争议。最早提出《国语》作者为左丘明的是西汉著名史学家司马迁，东汉史学家班固也持此说。他们认为左丘明为孔子《春秋》作传后，不幸失明，但他根据作传所剩材料，又编辑了《国语》。

而后世学者怀疑这类说法。晋代傅玄认为《国语》非左丘明所作，宋人朱熹，直至清人尤侗等，也都对此存疑，但缺少确凿的证据。普遍看法是，《国语》是战国初期一些熟悉各国历史的人，根据当时周朝王室和各诸侯国的史料，经过整理加工汇编而成。

战国历史典籍——战国策

西汉时期，楚元王刘交的四世孙降生了，并取名叫刘向。刘家曾家族显赫，但随着朝代的更换，刘家就衰落了，但这些并没有影响到刘向成长。刘向从小聪明好学，在他12岁的时候便被任用为皇帝引御车的辇郎，20岁时又被任命为谏议大夫。

刘向因通晓辞章，善于连缀辞赋，同大臣王褒、张子侨等一起面见了皇上，回答了皇上提问，并呈献了几十篇辞赋和颂歌。刘向精通儒家和道家方术之学，又写得一手好文章，便被汉宣帝重用。

有一次，皇上向刘向问

刘向画像

起神仙方术之事，皇上听说淮南王藏有一本为世人不知的《鸿宝苑秘书》，书中载有神仙使鬼怪将物变成金子的法术以及修道延寿的秘方，就问刘向知不知道。

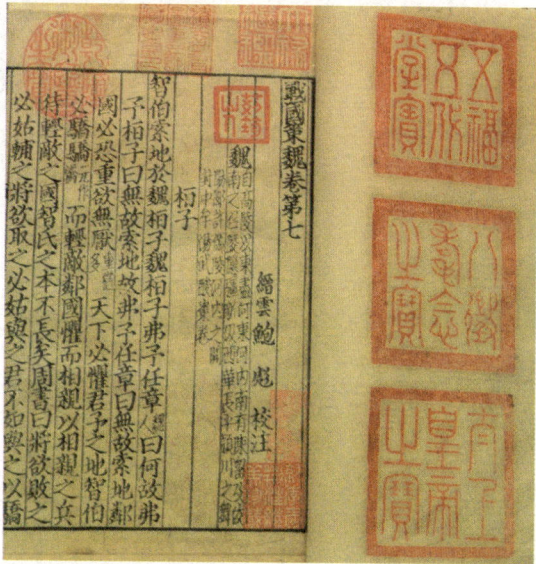

■ 战国历史典籍《战国策》

许多人都不知道有这本书，但是，刘向却知道这本书。因为刘向的父亲刘德在汉武帝时，在处理淮南王的案子时得到了这本书。刘向在小时候就熟读过它。

刘向认为这是一本奇书，便献给了皇上，并说依照书上的方法可以提炼黄金。于是，皇上便下令由刘向主持冶炼黄金的事情。

由于这本书中所写的过程太过复杂烦琐，黄金没有炼成，还耗费了很多钱财，直到这个时候，刘向才知道书中所写的炼金术并不灵验。

刘向炼金不成，皇上罢免了他的官职，吏部也弹劾刘向铸造假黄金，罪当处死。这时，刘向的哥哥阳城侯刘安民上书皇上，请求交纳封地的一半户籍，用来赎刘向的罪过。

皇上原本爱惜刘向的才华，不久后就赦免刘向并让其复出，担任了郎中。在汉元帝时，刘向又被提升为散骑、宗正、给事中，成为当时辅政的4位大臣之一。

在此期间，刘向曾用阴阳灾异推论时政的得失，并上书弹劾外戚，抨击宦官专权误国，因此得罪了不

谏议大夫 古代官职。秦代设大夫，有谏议大夫、太中大夫、中大夫、谏大夫等各类官称，无定员。西汉时沿用秦制，汉武帝元狩五年亦置谏大夫，无定员，掌议论。东汉改称谏议大夫，魏晋时称散骑常侍，隋唐仍置谏议大夫，有左、右谏议大夫，各四人，分属门下省与中书省。

给事中　古代官名，秦代设置。西汉因袭官职，为加官，位次中常侍，无定员。加此号得给事宫禁中，常侍皇帝左右，备顾问应对，每日上朝谒见，负责实际政务，为朝中要职，多以名儒国亲充任。东汉不设。魏晋时，或为加官，或为正官，亦无定员。

刘向历经汉宣帝、汉元帝和汉成帝3位皇帝，因此具有丰富的经历。在汉成帝即位时，因刘向精通儒家和道家方术之学，所以让他在皇家图书馆天禄阁校刊"五经"和各种秘籍。

刘向在校录书籍时，在皇家藏书中发现了6种记录纵横家的书，分别是《国策》《国事》《短长》《事语》《长书》《修书》，但是内容混乱，文字残缺。于是，刘向按照国别编订了这些书，并取名叫《战国策》。

《战国策》是一部国别体史书，又称《国策》，也称《短长书》，主要记载了战国时期谋臣策士纵横

■ 春秋战国时期的吴越争霸场景

捭阖的事迹，以及从战国初年到秦统一全国的240年天下大事和各个诸侯国丰富多彩的历史面貌。

《战国策》全书按东周、西周、秦国、齐国、楚国、赵国、魏国、韩国、燕国、宋国、卫国、中山国依次分国编写，分为12策，33卷，共497篇，约12万字。

《战国策》是游说辞总集，几乎所有纵横家和谋士的言行都集于此书，是战国时期各国史官记载的策士们游说诸侯国的言论资料。全书记载了战国时期谋臣策士相互辩论时所提出的政治主张和斗争策略，以及各自的阴谋、阳谋等。

《战国策》常常使用铺排和夸张的手法，具有绚丽多姿的辞藻，呈现出酣畅淋漓的气势。在书中，语

言不仅成为作用于理智、说明事实和道理的工具，也是直接作用于感情以打动人的手段。

《战国策》善于铺叙，长于说事，选取曲折生动的故事情节，紧凑生动，极富戏剧性；喜夸张渲染，善用排偶，捭阖谲诳，辩丽横肆；又善用比喻与寓言，讽刺幽默，说服力强。

《战国策》也善于描写人物，抒发情感，部分篇章深沉蕴藉，委婉动人。

《战国策》还用了大量的寓言故事、逸闻掌故来增强辩辞的说服力。寓言的巧妙运用，成为《战国策》文章的一大特点。它充分展现了语言和计谋方面的绝妙境界，洋溢着令后人叹为观止的人生智慧，具有独特的艺术魅力。

《战国策》在一定程度上反映了上起三家分晋，下至"楚汉之争"200多年的历史，这些都为研究战国历史提供了丰富资料。

《战国策》既体现了时代思想观念的变化，也体现出战国游士、侠士

战国时期的弓弩手

这一类处于统治集团与庶民之间的特殊而较为自由的社会人物的思想特征，不是完全为了维护统治秩序。

《战国策》突破了旧的思想观念束缚，又不完全拘泥于历史事实，尤其描写人物的性格和活动时，更加具体细致，所以就显得比以前的历史著作更加活泼而富有生气。

三家分晋 指我国春秋末年，晋国被韩、赵、魏三家瓜分的事件。公元前403年，周威烈王封三家为侯国，到春秋末年，这三家联合灭掉了同为晋国四卿的智氏。史学界以此作为东周时期春秋与战国的分界点。

阅读链接

《战国策·燕策》记载了一个故事，说赵王将要去攻打燕国，苏代为了燕国去劝赵惠王说："我这次来的时候，经过易水，看见一只河蚌正张着壳晒太阳。有一只鹬伸嘴去啄河蚌的肉，河蚌连忙把壳合上，紧紧地钳住了鹬鸟的嘴。这时，渔夫看到了，就把它俩一齐捉去了。现在赵国要去攻打燕国，燕赵两国相持不下，双方的力量都消耗得很厉害。我担心强秦就是那个'渔夫'。"

惠王听了，恍然大悟，说："有道理！"于是便停止了攻打燕国的行动。

第一部纪传体通史——史记

司马迁画像

人固有一死 或重於泰山 或輕於鴻毛

当守志图立 东洁

西汉初期，在夏阳有一个司马书院，夏阳人司马谈是里面的老师。他有一个儿子叫司马迁，字子长。司马迁天生聪明好学，从小就学到了很多知识。受父亲的熏陶，司马迁从小就立志，以后一定要做一名历史学家。

在司马迁20岁那年，他的父亲司马谈到长安做了太史令。作为史官，太史令有责任记载帝王圣贤的言行，也有责任搜集整理天下的遗文古事，更有责任通过叙事

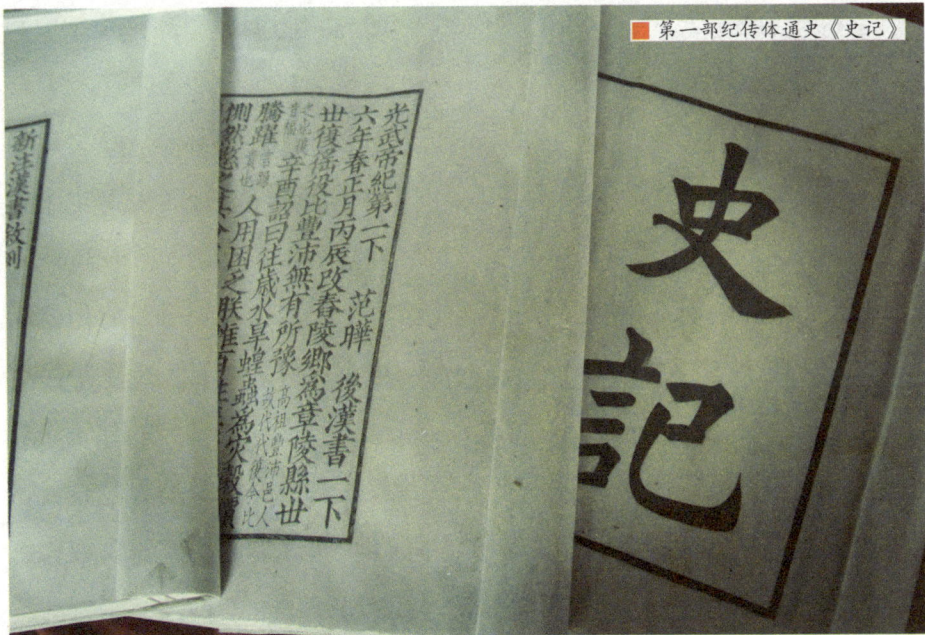

论人为当时执政者提供借鉴。于是，司马迁的父亲司马谈开始大量地搜集和阅读史料，为修史做准备。

此时的司马谈年事已高，要独立地修成一部史著，他感到无论是时间和精力，还是才学知识都还不够。所以，他就把希望寄托于他的儿子司马迁身上了，希望儿子能够早日参与此事，最终实现他的宏愿。

司马迁也不辜负父亲的希望，他开始努力学习，在读万卷书的基础上，开始行万里路。父亲还要求他进行一次为期两年多的漫游，为他写史做好准备。在漫游的过程中，司马迁亲自采访，获得了许多珍贵的第一手资料。

司马迁一边漫游，一边考察，在旅程中不忘记向任何一个了解历史的人请教，不放过任何一个存留于人们口碑的故事，获得了许许多多从书籍当中所得不到的历史资料。司马迁回到长安后，做了郎中令。司马谈在临终时，把自己所要编撰史书的理想和计划，托付给了他的儿子司马迁去实现。

司马迁在38岁时，正式做了太史令，使得他有机会阅览宫廷所藏

■《史记》里记载的负荆请罪蜡像

司马谈（约前169～前110年），西汉人，汉武帝建元年间，他任太史令，掌管图书典籍、天文历算，并兼管文书和记载大事。他总结了先秦各家学说，认为阴阳、儒、墨、法各家学说均有长短，唯有道家兼各家所长。著有《论六家之要旨》。

的一切图书、档案及各种史料的机会。他一边整理史料，一边参与修改历法。在太初年间，他参与完成了一部史书，并取名《太初历》。

正当司马迁全身心地撰写史书巨著之时，发生了李陵事件。抗匈名将李广的孙子李陵与汉武帝宠姬李夫人的长兄贰师将军李广利出塞与匈奴作战时被俘，大臣们都谴责李陵不该贪生怕死而向匈奴投降，只有司马迁站出来驳斥大臣们的意见。

汉武帝问作为太史令的司马迁是什么看法，司马迁说："李陵带去的步兵不满5000人，他深入对方的腹地，在寡不敌众的情况下，虽然打了败仗，也可以向天下人交代了。李陵不肯马上去死，一定还有他的想法，他一定还想将功赎罪来报答陛下。"

汉武帝听了，认为司马迁这样是在为李陵辩护，便勃然大怒，于是就把他投入了监狱。第二年，司马迁被处以宫刑。他忍受了各种肉体和精神上的残酷折磨，面对酷刑，他始终不屈服，仍然坚持自己的意见。宫刑在当时是个奇耻大辱，不仅有污先人，也会让亲友耻笑。司马迁在狱中备受凌辱，几乎断送了性命。

司马迁本想一死，但是他想到父亲的嘱托，又想到了自己多年搜集资料的艰辛，为了实现编史的夙愿，他忍辱负重，苟且偷生，希望出现一线转机。

后来，汉武帝改元，大赦天下，这时司马迁已经50岁了。他出狱后当了中书令，在别人看来，他也许是"尊宠任职"。但司马迁并不在意这些，他开始埋头专心致志地写他的书。他知道自己所剩的时间不多了，于是争分夺秒地进行撰述。

司马迁一边搜集和阅读大量资料，一边夜以继日地进行撰写、校正。公元前91年，司马迁终于完成了这部历史巨著。这部史书起初没有固定书名，那时人们叫它《太史公书》，或称《太史公记》，也称《太史公》。"史记"是古代史书的通称，因为司马迁这部书包括了从三皇五帝到汉武帝2000多年的历史，于是人们就叫它为《史记》。

《史记》是我国第一部纪传体通史，被人们称为"信史"。全书共有本纪12篇，表10篇，书8篇，

封禅 "封" 为祭天，"禅" 为祭地，是指我国古代帝王在太平盛世或天降祥瑞之时祭祀天地的大型典礼。在远古的夏、商、周三代，就有封禅的传说。古人认为群山中泰山最高，为"天下第一山"，因此人间的帝王应到最高的泰山去祭过天帝，才算受命于天。

■ 《史记》记载的楚汉相争场面

■《史记》记载的乌江自刎蜡像

世家30篇，列传70篇，共130篇。《史记》是以历史上帝王等政治中心人物为史书编撰的主线，各种体例分类明确，其中包括"本纪""世家""列传"3部分，占全书的大部分篇幅，都是以写人物为中心来记载历史的。因此，司马迁创立了史书新体例的"纪传体"。

《史记》分类明确，"本纪"是全书的提纲，按年月时间记述帝王的言行政绩；"表"用表格来简列世系、人物和史事；"书"则记述制度发展，涉及礼乐制度、天文兵律、社会经济、河渠地理等诸方面内容；"世家"记述子孙世袭的王侯封国史迹和特别重要的人物事迹；"列传"是除帝王诸侯外其他各方面代表人物的生平事迹和少数民族的传记等。

《史记》在"本纪""世家"和"列传"中所写的一系列历史人物，不仅表现了司马迁对历史的高度概括力和卓越见识，而且通过历史人物的活动，生动展现了广阔的社会生活，体现了司马迁对历史和现实的批判精神，以及同情广大人民，为那些被污辱、被冤枉的人鸣不平的正义行为。因此，《史记》不仅是后来历史学家学习的典范，而且是后来文学家学习的典范。

《史记》不同于前代史书所采用的以时间为次序的编年体，或以地域为划分的国别体，而是以人物传记为中心来反映历史内容的一种体例，这就是司马迁开创的纪传体。

在《史记》中，司马迁对古代一些著名人物的事迹都做了详细叙述。他对农民起义领袖陈胜、吴广给予了高度评价，对广大人民也表现出同情的态度。他还把古代文献中过于生涩的文字改写成当时比较浅近明白的文字，使人物描写和情节描述更加形象鲜明，语言也更加生动活泼。《史记》不仅内容翔实可靠，并且文字生动优美，人物写得栩栩如生，所以是一部了不起的文学著作。

《史记》对于继承我国优秀文化遗产、弘扬民族精神都具有非常积极的意义，是我国文化的经典巨著，是世界文化宝库中的一颗璀璨明珠。司马迁的精神不仅感动了后人，他的著作也影响了后人，充分体现了我国伟大的民族精神，因此后人称之为"史家之绝唱，无韵之离骚"。

阅读链接

司马迁小时候，有一次跟随外祖父杨鼎要去参加一个文人聚会，有个儒士听说司马迁《诗经》中的145首《国风》全部能背出来，有些不信，就把司马迁叫到面前，请他背给大家听。

司马迁说："不知先生是要我顺背还是倒背？"语出惊人，在场的人都十分惊讶，大家聚了过来。司马迁非常熟练地倒背了起来。他的声调抑扬顿挫，周围文人都不由得连连称道，无不惊叹："奇才！奇才！真是奇才呀！"

东汉纪传体史书——后汉书

东晋末年，南北朝初期，豪强四起，连年混战，社会动荡。出生于官宦士族之家的范泰和很多人一样，需要依附一个能够保全身家性命的权势人物。

范晔画像

范泰通过审时度势，毅然选择了在当时已经初露锋芒的建武将军刘裕，并受到刘裕的赏识与重用。刘裕登基称帝后，拜范泰为金紫光禄大夫散骑常侍。他在闲暇之余，博览群书，潜心著述，著有《古今善言》24篇，很有影响力。

范泰有个儿子叫范晔，他受家庭的影响，从小聪明好学，再加上天资聪慧，尚未成年，便以

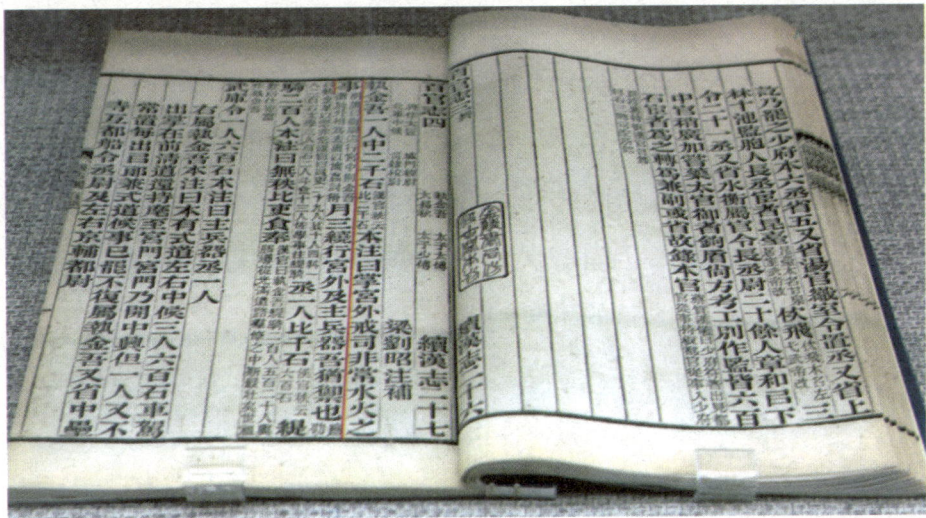

博览经史、善写文章而负有盛名。

■ 《后汉书·百官志》

　　范晔一直以名门之后自居，生性孤傲，不拘小节。范晔17岁时，被朝廷任用为掌管文书的史官。到23岁时，范晔应召到刘裕之子彭城王刘义恭的府下任参军之职，后又转为右军参军。在此后的10余年里，他先后担任过很多职务。

　　有一年，刘义恭的弟弟刘义康的母亲王太妃去世，刘义康把属僚们召集到府内帮助料理丧事，范晔也参加了。对于刘义康母亲的死，范晔自然悲伤不起来。在临葬前的一天夜晚，轮到范晔弟弟范广渊值班时，范晔兄弟俩邀了一位朋友躲在屋里喝起酒来。醉意朦胧之际，范晔忘记了场合，竟推开窗子，听挽歌助酒。

　　这件事被传出后，刘义康非常恼怒，就到宋文帝那里进范晔的谗言，宋文帝就把范晔打发到宣城当太守去了。这次贬官对范晔是一次很大打击，仕途上的坎坷勾起了他幼年生活的某些隐痛。

刘裕（363年~422年），字德舆，小名寄奴。卓越的政治家、改革家、军事家，南北朝时期刘宋开国之君，史称宋武帝。执政期间，抑制豪强兼并，整顿吏治，重用寒门，轻徭薄赋，改善了政治和社会状况。他对江南经济的发展、汉文化的保护发扬具有重大贡献，被誉为"南朝第一帝"。

范泰（355年~428年），字伯伦，是南朝宋大臣、学者。初为太学博士，历官谢安及会稽王道子参军。他博览群书，好为文章，爱奖后生，孜孜无倦。著有文集20卷，又撰《古今善言》24篇，还有《宋书本传》并行于世。另有诗篇《鸾鸟》《九月九日》《经汉高庙》《咏雪》等。

范晔虽然生在名门士族，但他本人却是个妾生的庶子。晋代嫡庶之别是官僚之家不可逾越的等级，因而也决定了范晔的社会地位。

范晔的母亲把他生在厕所里，并且碰伤了他的前额，因而落下个小名叫"砖"。嫡母所生的哥哥范晏嫉妒他的才学，认为他是败坏家族的祸根。父亲范泰也不喜欢范晔，早早地将他过继给了从伯范弘之。屈伸荣辱与宦海浮沉，使得范晔的心情十分苦闷。

为了排解这种痛苦，范晔开始从事东汉历史的编纂工作。他埋头研究历史，打开了他的眼界，原来现实中的许多不能解答的问题，他在查阅了大量的历史后，便逐渐整理出了一些头绪，并找到了一些答案，认识到了自身命运的普遍性。

范晔由于对自身遭遇的愤慨，以及他愤世嫉俗的性格，激发了他用历史反映现实的雄心。他凭着深厚的史学功底，凭着他去伪存真的历史观和个人对历史的理解，终于写出了历史名作《后汉书》。

《后汉书》是一部记载东汉历史的纪传体史书，书中分10纪、80列传和8志，记载了从新帝王莽起至汉献帝时的195年历史，与《史记》《汉书》《三国志》并称为"前四史"。从《后汉书》史料价值以及被列为"前四史"的情况，可以看出《后汉书》在我国历史学上的崇高地位。

纪传体 史书的一种形式。司马迁首创。是以本纪、列传人物为纲，时间为纬，反映历史事件的一种史书编纂体例。纪传体史书的突出特点是以大量人物传记为中心内容，是记言、记事的进一步结合。

《后汉书》除体例上的创新以外，最显著的特点是观点鲜明，褒贬一语见的。此书中类传前多有序，每个人物传记展开前多有提要，用语简洁、准确，这可以使读者先对所写人物有一个总体印象，起到未见其人先会其神的作用。

《后汉书》还长于用细节描写刻画人物，或假借他人评说，或援引时人谚语歌谣等以纪传人物。《后汉书》虽然只有本纪、列传和志，而没有表，但范晔文笔较好，善于剪裁，叙事连贯而不重复，在一定程度上弥补了无表的缺陷。

《后汉书》之所以成为不朽的史学名著，也因它在编撰上取得了很大成功。范晔先对全书做了细致的整体规划，对史实进行了认真剪裁。书中所述史实规避得法，彼此间既有照应，又不重复，表现出高超的史学编撰技巧。

《后汉书》结构严谨，编排有序。如80列传，大体是按照时代的先后进行排列的。最初的3卷为两汉之际的风云人物，其后的9卷是光武时代的宗室王侯和重要将领。

在《后汉书》中，范晔非常善于刻画对社会做出贡献的人物。如《张衡传》就是《后汉书》中著名的人物传记之一，文章详尽而生动地记述了我国古代科学家、文学家张衡的一生，突出表现了他在科学和文学方面的杰出成就以及政治上的建树。叙事波澜起伏，从多方面展现了人物的思想性格。体现了张衡作为科学家刻苦钻研，终于取得辉煌成就的曲折历程。

与作者对上述纪传人物的态度相反，范晔对外戚、宦官的横暴专权、祸国殃民则大加挞伐。在东汉中期，汉和帝、汉安帝以后，皇帝都是幼年即位，不能执掌朝纲，于是开始了外戚与宦官争夺王朝统治

权的混乱局面，《后汉书》对此都进行了无情揭露和批判。

《后汉书》的史学价值是多方面的，展现了范晔的多才多艺。比如《后汉书》记载的科学发现：

> 十月癸亥，一客星出于南门，其大如斗笠，鲜艳缤纷，后渐衰萎，于次年六月没。

这段文字记录了发生于2000年前超新星爆发的事件，这是人类历史上最早的超新星爆发记录。

《后汉书》再现了东汉的历史，保存了东汉一代的诸多史料。东汉社会政治经济、文化状况、朝代兴衰历变、历史大事件等在书中都有所反映。

《后汉书》除了因袭《史记》《汉书》的列传外，还新增了党锢、宦者、文苑、独行、方术、逸民和列女七种列传。这些列传既是新创，又反映了东汉的实际情况。另外，因为记载东汉史实的其他史书多数已不存在，所以，《后汉书》的史料价值就更为弥足珍贵。

阅读链接

据载，范晔的琵琶弹得很好，并能创作新曲。宋文帝很想听听，屡次加以暗示，范晔假装糊涂，始终不肯为皇帝弹奏。

在一次宴会上，宋文帝直接向范晔说："我想唱一首歌，你可以伴奏吗？"话说到这份儿上，范晔只得奉旨弹奏。待宋文帝一唱完，范晔立即停止了演奏，竟不肯多弹一曲。担任朝廷要职的许多官吏都嫉妒范晔的才能，不愿意范晔得到皇帝的宠信，使得范晔的仕途一直不顺。

编年纪事

编年体是我国传统史书的一种体裁。编年体记录历史的方式最早起源于我国。它是以年代为线索编排有关历史事件，以时间为经，以史事为纬，比较容易反映出同一时期各个历史事件的联系。如《资治通鉴》，它是我国第一部编年体通史，也是我国编年体通史的杰作。

纪事本末体是以事件为主线，将有关专题材料集中在一起的史书体例。首创者是南宋的袁枢，他的《通鉴纪事本末》就采用这种体例。除此之外，还有《明史纪事本末》《圣武记》等。

首部编年体通史——资治通鉴

北宋时期，有个小孩叫司马光，在他7岁的时候，行为举止就像个成年人，听到有人讲说《左氏春秋》，他就喜爱上了这部书，然后回去给家人讲解，就能讲述其中的大概要旨。从此以后，司马光手不释卷，以至于不知饥渴寒暑。

司马光画像

一次，一群小孩在庭院中游戏玩耍，一个小孩登上瓮缸，失足落入缸中，大伙儿都逃弃而去，只有司马光搬起石头砸破瓮缸，缸水迸发流出，落水的小孩因此而得救。此后京城洛阳间把这一故事画成图画，从此司马光砸缸这个故事就流传开来。

在宋仁宗宝元初年，司马光考中进士甲科，那年他刚满20岁。他

生性不爱奢侈华丽，皇上赐喜宴，喜宴上唯独他不戴红花，同伴们对他说："君主的赏赐是不可以违背的。"于是他才插上了一枝红花。

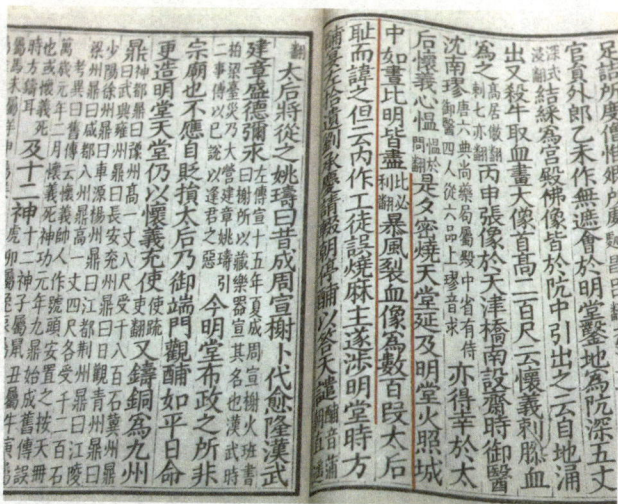

■ 司马光撰写的《资治通鉴》

后来司马光被任命为奉礼郎。当时司马光的父亲司马池在杭州，于是司马光要求改任签苏州判官事以便侍亲，得到朝廷准许。

在此期间，司马光的父母都去世了，司马光开始守丧。因为过度悲伤，司马光的身体变得虚弱。守丧期满后，司马光又回到朝廷继续任职。素有知人之能的大臣庞籍极力推荐他，并予以重任。

在司马光任并州通判期间，西夏人总是想侵吞麟州一带的良田，因此这块地方成为大患。

这时，负责靖边的庞籍命令司马光前去按察巡视，司马光建议："修筑两个城堡来控制西夏人，招募百姓耕种，耕种的人多，那么买进粮食的价格就会低，也可以渐渐解除河东高价买进粮食远距离运输的忧患。"庞籍同意了他的建议。但麟州将领郭恩勇猛而又狂妄，带领部队连夜渡过屈野河，却没有设防，结果被敌人消灭，庞籍因此获罪去职。

司马光3次上书自责引咎，没有得到朝廷的答复。后来庞籍去世了，司马光为了报答庞籍的知遇之

庞籍（988年~1063年），字醇之，单州成武人，宋真宗大中祥符年间进士及第后，任黄州司理参军，深得知州夏竦的赞许，认为庞籍极具宰相之才，他日必成大器。庞籍还是韩琦、范仲淹等人的好友，司马光、狄青等人的恩师。

《列女古贤图》

通判 在知府下掌
管粮运、家田、
水利和诉讼等事
项。由皇帝直接
委派，辅佐郡
政，可视为知州
副职，但有直接
向皇帝报告的权
力。知州向下属
发布的命令必须
要通判一起署名
方能生效，通判
之名，也因上下
公文均与知州联
署之故。它是兼
行政与监察于一
身的中央官吏。

恩，对他的妻子好比自己的母亲，抚养他的儿子好像自己的兄弟，当时人们都称赞司马光是个贤人。

有一次宋仁宗有病，著名的谏官范镇首先提出建议，皇帝继承人没有立定，天下人寒心但不敢作声。这时，在并州的司马光听到后接着提出建议，并且写信勉励范镇以死相争。

后来，司马光面见宋仁宗说："我过去任并州通判时，上呈了3个奏章，希望陛下果断切实实行。"

宋仁宗沉思了很久说："莫非是想选择宗室做继承人吗？这是忠臣之言，只是人们不敢提及而已。"

司马光说："我说这事，自己认为必死无疑，想不到陛下如此开明并采纳。"

宋仁宗说："这有什么害处呢？古往今来都有这样的事。"

司马光退下后一直没有听到诏命，又上疏说："我从前进呈建议，估计马上会实行，现在寂无所闻，未见动静，这一定有小人说陛下正当壮年，何必马上做这种不吉祥的事情。小人没有长远的考虑，只是想在匆忙的时候，援立与他们关系很好的人而已。"宋仁宗看到此疏，大为感动地说："把此疏送往中书省。"

司马光见到韩琦等人说："诸公现在不及时决定皇位继承人这件事，将来禁宫中夜半传出寸纸片言，以某人为皇嗣，那么天下人不敢违抗。"

后来，仁宗皇帝下了诏命，任濮王赵允让之子赵曙为皇子，于是赵曙接受了当皇子的诏命。赵曙就是后来的宋英宗。

司马光不畏惧自己的生死，而是为国家社稷着想，可见他的贤能远胜他人。

宋神宗即位后，提拔司马光为翰林学士，司马光极力辞谢。宋神宗说："古代的君子，有的有学问而没有文采，有的有文采而没有学问，只有董仲舒、扬雄二者兼而有之。你有学问有文采，为什么要推辞呢？况且你能够取得进士高第，为什么呢？"终没有获准辞谢。

司马光上疏论修心的要旨有3条：仁义，明智，武略；治国的要旨有3条：善于用人，有功必赏，有罪必罚。司马光的这些主张很完备。他事奉3朝，都是以这6句话呈献，平生历学所得，全部都在这里。

后来，司马光担任翰林兼侍读学士。他常常担心

韩琦（1008年~1075年），字稚圭，自号赣叟，相州安阳人，即现在的河南安阳。北宋政治家、名将，天圣进士。他与范仲淹率军防御西夏，在军中享有很高的威望，人称"韩范"。韩琦一生，历经北宋仁宗、英宗和神宗三朝，亲身经历和参加了许多重大历史事件，是封建社会难得的官僚楷模。

君子 特指有学问、有修养的人。"君子"一词出自《易经》，被全面引用最后上升到士大夫及读书人的道德品质始自孔子，并被以后的儒家学派不断完善，成为中国人的道德典范。"君子"是孔子的人格理想。君子以行仁、行义为己任。《论语》一书，所论最多的，均是关于君子的论述。

西汉赵眛墓壁画

由于历代史籍浩繁，皇帝不能全部阅览，于是写了《通志》8卷呈献宋英宗。宋英宗很高兴，命令在秘阁设置机构，续修这部书。到这时，宋神宗给此书命名为《资治通鉴》，并亲自给此书写了序，让司马光每天进读。

《资治通鉴》，简称《通鉴》，是一部长篇编年体史书，共294卷，300万字，耗时19年完成。记载的历史由周威烈王时的公元前403年开始，一直到五代时期的后周世宗显德年间的959年征淮南为止，共计16个朝代，包括秦、汉、晋、隋、唐统一王朝和"战国七雄"、魏蜀吴三国、五胡十六国、南北朝、五代十国等其他政权，其时间跨度达1362年。

在这部书里，司马光总结出许多经验教训供统治者借鉴，书名的意思是"鉴于往事，有资于治道"，即以历史的得失作为鉴诫来加强执政管理。《资治通鉴》另有《考异》《目录》各30卷。是我国编年史中包含时间最长的一部巨著。

《资治通鉴》的内容以政治、军事和民族关系为主，兼及经济、文化和历史人物评价，目的是通过对事关国家盛衰、民族兴亡的统治阶级政策的描述警示后人。

《资治通鉴》所记历史有限，全书按朝代分为16纪，包括《周纪》5卷、《秦纪》3卷、《汉纪》60卷、《魏纪》10卷、《晋纪》40卷、《宋纪》16卷、《齐纪》10卷、《梁纪》22卷、《陈纪》10卷、《隋纪》8卷、《唐纪》81卷、《后梁纪》6卷、《后唐纪》8卷、《后晋纪》6卷、《后汉纪》4卷和《后周纪》5卷。

《资治通鉴》既是史家治史以资政自觉意识增强的表现，也是封建帝王利用史学为政治服务自觉意识增强的表现。司马光的《资治通鉴》与司马迁的《史记》并列为中国史学的不朽巨著，所谓"史学两司马"。

《资治通鉴》自成书以来，历代帝王将相、文人骚客、各界要人争读不止。点评批注《资治通鉴》的帝王、贤臣、鸿儒及现代的政治家、思想家、学者不胜枚举。

作为历代君王的教科书，对《资治通鉴》的称誉除《史记》外，几乎都不可以和《资治通鉴》媲美。

阅读链接

在司马光五六岁的时候，有一次他拿了一只青胡桃，请他姐姐帮忙剥掉胡桃的皮，姐姐忙了半天也没有剥下皮，就生气地走开了。一会儿，家里的女佣过来，知道司马光想吃胡桃，就舀来一碗开水，把青胡桃放进水里。胡桃经开水一泡，皮很容易就剥下来了。司马光的姐姐从里屋出来，看见他在吃胡桃，就问胡桃皮是谁剥的。

司马光说："当然是我剥的，我想了个办法，用开水一泡，这皮就剥下来了。"正在这时，司马光的父亲走进屋来，狠狠地训斥说："你这孩子，怎么能说谎话！"司马光知道自己错了，马上低下了头。从此，司马光牢记父亲教诲，老老实实做人，再也不撒谎了。

纪事史书——明史纪事本末

清顺治时期，有一个聪颖过人的少年叫谷应泰，他从小就博闻强记，而且勤学好学，在县学念书时，学业上进步很快。

谷应泰20岁时取得了举人身份。在7年后的1647年，他参加了由顺治皇帝主持的殿试，取得了进士登第。在此之后，他先后任户部主事、员外郎，后任提督浙东浙西地方的学政佥事。他在浙江提学上任时，考选公正。

两浙提学的衙门设在杭州。唐宋以来，随着经济文化重心的南移，杭州日益繁华，西湖成为名不虚传的旅游胜地，也是骚人墨客出没的场所。

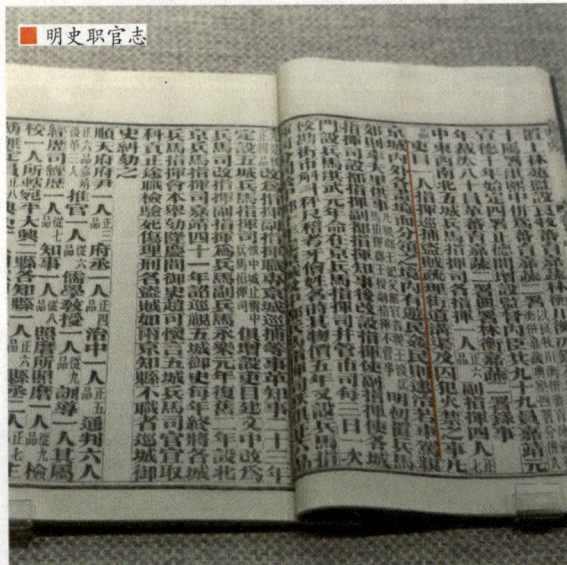

■ 明史职官志

明代朝觐蜡像

谷应泰有意效法白居易、苏轼，纵情山水。他在湖山的顶上建有一所类似书院式的文化别墅，收藏大量图书，在别墅的门上，亲自题匾："谷霖苍著书处。" 他在担任浙江提学时期，选拔了不少人才，输送朝廷，官居要职，因此获得了来自朝廷的支持。

同时，谷应泰在杭州潜心学术研究，又获得浙江一带文人学士的舆论赞赏。因此，他留下来的文化别墅，被视为重要名宦古迹。《明史纪事本末》是谷应泰在浙江从事学政之余，仿照袁枢的《通鉴纪事本末》撰写的。

《明史纪事本末》80卷，每卷为1目。纪事始于元至正年间的1352年、朱元璋起兵，迄于明崇祯时期的1644年、李自成农民军攻入北京为止。

在《明史纪事本末》中，谷应泰记述了重要的历史事件的始末。该书选录了80个历史事件或专题，按时间顺序编排，记述始末，首尾一贯，简明扼要。卷末附有作者的史论。

《明史纪事本末》虽然没有全面记录明代的重要历史事件，甚至对明代各项政治经济制度、郑和下西洋扩大我国和南洋地区经济文化交流等，都付诸阙如。但由于该书出于清代官修《明史》以前80余年，根据作者的社会关系、地位、财力和才能所能得到的条件，他广泛采集私家野史，综合多种明代资料，所记明成祖设立"三卫"、进军漠北，及沿海倭患、议复河套等事，都远较《明史》为详。

尤其是关于农民起义的专题，竟有15篇之多，约占全书的五分之一。对于宦官阉党的专横，也有详细的叙述。所有这些，为我们研究明代社会问题和对外关系等提供了不少可贵的参考资料。

《明史纪事本末》的优点是它能在明代近300年千头万绪的史事中，提纲挈领、疏而不漏地选取80个专题，记载明代重大史事，包括了政治、军事及典章制度的基本内容，涉及漕运、河工、矿监、税使等与国计民生攸关的问题。

《明史纪事本末》详于政治，略于经济和典章制度，且选录的历史事件也不够全面，但因成书较早，又综合多种明代史料编纂而成，有一定的史料价值。

阅读链接

清顺治年间，谷应泰提督浙江学政，编《明史纪事本末》，以五百金购买《石匮书》。《石匮书》又名《石匮藏书》，为明末清初张岱撰，共220卷，有本纪、志、世家、列传。张岱因当时家贫，只好将书卖予谷应泰。谷应泰的《明史纪事本末》多取材自此书。

康熙初年，谷应泰编修《明史纪事本末》时，张岱参与其中，得以望见崇祯一朝的大量史料，于是完成了记叙明崇祯朝和南明史事的《石匮书后集》，分本纪、世家、列传。体例如《石匮书》，共63卷，附录1卷。

专题纪事本末体——圣武记

清乾隆年间的1794年4月23日，在当时的湖南邵阳县金潭，也就是现在的邵阳市隆回县司门前镇，出生了一个聪颖异常的男孩，这个男孩就是魏源。

魏源出生于诗书世家，祖父有学问但隐居不仕，父亲也是个读书人。魏源从小聪慧，但沉默寡言，常常整日独坐。

清代魏源画像

魏源的祖父看着孙儿的相貌，曾经这样说道："这孩子性情相貌都不平常，不要把他当作一般孩子来养育。"

魏源从小就很少嬉笑打闹，也不爱多言，老是独身一人静悄悄地坐在一边。到了读书识字的

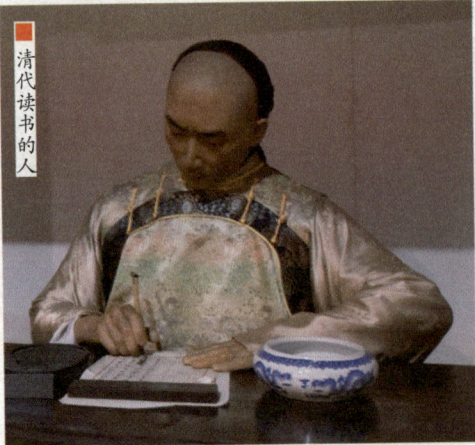
清代读书的人

年龄后，他就经常把自己关在书楼上刻苦攻读。由于他平时很少下楼来玩耍，所以连自己家里喂的狗都认不得他这个小主人。

在一个月明星稀的夜晚，魏源在书楼上读着读着，突然兴致大发，独自下楼，准备去房后面的潭湾里欣赏"潭湾夜月"的美景。哪想到他刚走下楼梯，几只看家狗便一齐扑了过来，围住他狂吠乱叫，把小魏源吓得大气都不敢出。幸好家人迅速跑来解围，他才没被自己家里的狗咬伤。

魏源七八岁时，进入书塾学习。他读书非常用功，对好书爱不释手，常常伴灯苦读到天明。母亲怕他熬坏了身体，常常催他早点睡觉，有时硬是吹灭灯逼他去睡。但等到母亲睡后，他又悄悄起来，点上灯，用被子遮住光读起来。小小的魏源就是这样勤奋地读书。

魏源在9岁那年，去参加县里的童子试，并且在考试中一鸣惊人。在去参加童子试前，老师见他年纪尚小，很不放心，就考他对对子，老师出上联"闲看门中月"，这是拆字联，门中月合起来是"闲"字。魏源抬头一看墙上正好挂着一幅"春耕图"。他当即对出下联"思耕心上田"。老师激动地说："好，对得好！"

考试的日子到了，堂上几十名儿童熙熙攘攘，县令忽然发现群童中有一个孩子眉清目秀，举止潇洒，十分可爱，于是特地召他上来一试，这个孩子就是魏源。

县令面前放一只茶杯，茶杯上画着太极图，他当即出句说："杯中含太极。"魏源临来之前母亲给他烙了两张大饼揣在怀中，此时，他一摸胸口，有了！从容对答说："腹内孕乾坤。"

众人听后大为惊异，县令也觉得奇怪，忙问："何谓乾坤？"魏源对答："天地谓乾坤，我怀中的两张饼正像乾坤，我吃了它，就要考虑天地间大事了！"

大家听了，一致称赞这小家伙有奇才。从此，魏源也就扬名乡里了。

关于魏源小的时候还有个传说。传说魏源小时候是很笨的，天天只知贪玩，父亲想着这样下去不行，得去找个先生来教他。于是父亲找来了先生，并与先生约定，只要魏源能认识一个字，就给先生一担谷，先生想这还不容易。

第一天，先生教魏源认"一"字，并且说不管是横写竖写都念"一"字，魏源说"我记住了"。于是先生去给魏老太爷报喜，当然也是想老太爷兑现承诺，把一担谷给自己。

魏老太爷当时正好在打谷场看长工们晒谷，他顺手拿起一个摊谷用的耙子在谷子中间拖了大大的一

■ 清朝士兵蜡像

竖，问魏源："这是个什么字？"

魏源看了半天，摇头说不认识。老太爷生气地拂袖而去，先生气得直翻白眼："这不是'一'字吗？刚才才教给你的呀！"

魏源愣头愣脑地说："你教的'一'字哪有这么大啊，这么大的'一'字，我从来没有见过，所以我不认识。"

这下先生真的生气了，他把魏源拖进书房，顺手拿起桌上的砚台就砸了过去，把魏源的头砸个正着。魏源两眼一翻，直挺挺地倒了下去。先生这下慌了，怎么办？逃啊！于是先生赶快收拾起铺盖，急忙地逃跑了。

先生跑到半路，魏老太爷从后面赶上来了，这下先生吓得不轻，看来要赔命了。哪知魏老太爷一上来

秀才 别称茂才，原指才之秀者，始见于《管子·小匡》。汉代以来成荐举人才的科目之一。亦曾作为学校生员的专称。读书人被称为秀才始于明清时代，但"秀才"之名却源于南北朝时期。其实"秀才"原本并非泛指读书人，《礼记》称才能秀异之士为"秀士"，这是"秀才"一词的最早来源。

■《圣武记》之《国朝俄罗斯盟聘记》图

■ 康熙亲征塑像

就拉住先生的手说："先生怎么不说一声就走了呢，没关系，我还有两个儿子呢，你帮我继续教吧。"这下先生可是大受感动，发誓要把平生所学倾囊相授。

其实魏源并没有被打死，只是昏过去了，说来也奇怪，魏源醒来后就对父亲说，他梦见一个老人给他煮了一大锅书吃，他实在吃不下了才胀醒的。从此，魏源的学业突飞猛进，先生教一，他知道十，先生教十，他知道百，没多久就可以去参加乡试了。

后来魏源参加了考试，并考取了秀才，后又中了举人，之后就到朝里做了官。

当时社会动乱加剧，魏源目睹道光时期的1840年爆发了鸦片战争，外国侵略危机使他更加激愤，进一步激发了魏源的爱国热情。

后来魏源又参与了抗英战争，并在前线亲自审讯俘虏。他看到清政府和战不定，投降派昏庸误国，愤而辞归，立志著述，于1842年完成了《圣武记》。

道光　清宣宗道光皇帝爱新觉罗·旻宁的年号，使用时间是1821年至1850年。道光皇帝原名爱新觉罗·绵宁，后来改为爱新觉罗·旻宁。清嘉庆帝颙琰病故后继位，是清入关后的第六个皇帝，在位30年。葬于慕陵。

魏源雕塑

《圣武记》全书共14卷。《圣武记》前10卷以纪事本末体记述清王朝建立至道光年间的军事历史。《圣武记》后4卷《武功余记》是对有关军事问题的论述。卷4中《乾隆戡定回疆记》《乾隆绥服西属国记》《乾隆新疆后事记》《道光重定回疆记》《道光回疆善后记》等篇，记载清军平定新疆大小和卓之乱，绥服哈萨克、布鲁特、敖罕、巴达克山等地区，平定准噶尔之乱等一系列历史事件。

《圣武记》主要将史论与纪事本末体相结合，体现出纪事本末体学术研究的色彩，在改造纪事本末体上做了初步的尝试。

《圣武记》在编撰上的创新，最主要表现在将史论这种传统体例同纪事本末体体裁有机地结合，开其端绪，奠定了此后纪事本末和当代史与军事史相结合的新趋向，对晚清纪事本末体例和内容产生重大影响。

阅读链接

魏源不仅编撰了《圣武记》一书，对纪事本末体例和内容产生了重大影响，他还是清代著名的启蒙思想家，被誉为近代中国"睁眼看世界"的先行者之一。

魏源是一个进步的思想家，他积极要求清政府进行改革，强调除弊兴利，着重于经济领域的改革，在鸦片战争前后提出了一些改革水利、漕运、盐政的方案和措施，要求革除弊端，以有利于"国计民生"。这些主张不仅在当时具有进步意义，对于后来的资产阶级变法维新运动也起了积极的推动作用。

断代通史

断代史是以朝代为断限的史书，它的主要特点是只记录某一时期或某一朝代的历史。"通史"是指连贯地记叙各个时代的史实，与断代体史正好相反。既然叫通史，就要求叙述的内容广泛，所有重要事件和研究课题涉及内容不深，但都要涉及。

断代史体例始创于我国东汉史学家班固所著的《汉书》。除此之外，还有三国时期的《三国志》，唐代的《新唐书》，元代的《宋史》《辽史》《金史》和《元史》，明代的《明史》，清代的《清史稿》。

首部纪传体断代史——汉书

东汉末年，出身于显贵和儒学之家的扶风安陵人班彪逐渐成为远近闻名的学者，许多人都来拜他为师或与他探讨学问。随着班彪学问的增长，他准备续写《史记后传》，于是他开始搜集并阅读大量汉朝的典籍。

班彪有两个儿子，一个叫班固，另一个叫班超。兄弟俩小时候都很聪明，他们自幼接受儒学世家的良好教育和熏陶，而且读了不少诗词歌赋以及《左传》等历史著作，特别是班固在9岁时就能写文章和吟诗作赋了。

弟弟班超的文章学问虽然比不上哥哥班固，但他也非常用功读书，不想输给哥哥班固。有一次，班彪问两个儿子长大了想干什么。班固说：

班固画像

"我要学习司马迁，继承父业，写出一部好史书来。"

班超说："我要效法汉武帝时的使者张骞，通西域，安邦定国守边疆。"

两兄弟谁也不甘落后。班彪看着两个儿子，欣慰地笑了，说："你们都是好孩子，都有自己远大抱负，这很好。如果要实现它，必须不怕困难，坚持不懈，付出辛苦。从现在起，你们就更要努力地学习！"

兄弟俩牢记父亲的教诲，不断地充实自己。在父亲班彪的影响下，班固的思想开阔了，学业也大有长进，与此同时，班固也开始留意汉王朝的大事了。

由于班彪在学术上的高深造诣，前来拜班彪为师的人络绎不绝。这时，有一个孤儿叫王充，他很景仰班彪的学识，于是就从会稽老家来到京城洛阳求学，并拜班彪为师。

王充在求学的时候很虚心，对老师班彪也很敬仰。王充对于班彪的著史追求充满了敬意，称赞班彪的著述理想可与"太史公"司马迁和著名辞赋家扬雄媲美。

由于王充经常到老师家中请教，与年纪比他小5岁的班固逐渐熟悉起来，并对少年班固的才能和志向

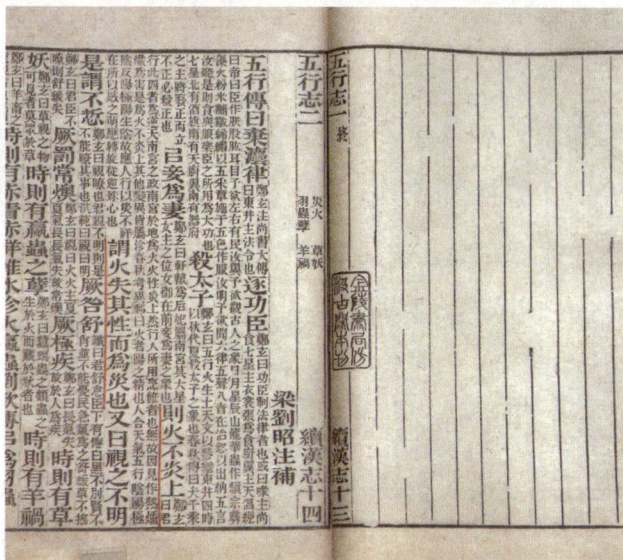

■ 古籍《汉书》

张骞（约前164年～前114年），字子文，我国汉代卓越的探险家、旅行家与外交家，他对"丝绸之路"的开拓具有重大的贡献。张骞开拓了汉朝通往西域的南北道路，并从西域诸国引进了汗血马、葡萄、苜蓿、石榴、胡麻等。

欣赏备至。

有一天，王充又来向老师请教，恰好班固也在客厅里，并对他们谈论汉王朝的事不时插上一两句颇具见识的话语，王充听后十分惊奇，不禁抚摸着班固的后背，对老师说："此儿必记汉事！"认为班固将来必定会完成编撰汉代历史的重任。

随着年龄的增长，班固开始不满足于儒学世家的家庭教育。为了进一步深造，班固于16岁时进入洛阳太学学习。

在太学期间，班固用功苦学，贯通各种经书典籍，不论儒家或其他百家学说，都能深入钻研，同时注重发展见识，并不拘守一师之说，不停留在字音字义、枝枝节节的注解上，而是在贯通经籍大义上下功夫。这为班固以后的史学生涯打下了很好基础。

在太学里，班固结识了崔胭、李育、傅毅等同学。因为班固性格宽容随和，平易近人，不以自己才能出众而骄傲，所以得到了同学及士林的交口称赞。

在父亲班彪去世时，班固虽然年仅23岁，但已具备颇高的文化修养和著述能力了。由于父亲去世后生计困难，班固只好从京城迁回扶风安陵老家居住。

从京城官宦之家一下子降到乡里平民的地位，这对上进心很强的班固是一个沉重的打击。但他毫不气馁，立志继承父亲未完的心愿，编写史书，于是他开始了撰写史书的生涯。不久后，正当班固全力以赴地撰写史书的时候，有人告发班固"私修国史"。于是，班固被关进了京兆监狱，书稿也被官府查抄了。

在当时，不仅"私修国史"是被严格禁止的，甚至"国史"一般也不能为个人所拥有。

班固虽是外戚后代和儒学世家子弟，但他本身却连个官阶很低的郎官都不是，却如此大胆，敢于私修国史，岂不是触犯了朝廷大禁！

班家的人都十分紧张，害怕班固会有什么意外。

班固明白自己根本没有什么罪，他立志著史，不仅是为了继承父亲的遗志，更是为了宣扬"汉德"，所以他才拿起笔来，立志完成父亲的未竟事业。如果此番不明不白地被处死，那么父子两代人的心血岂不是付之东流了！为此，班固忧愤交加，心痛欲裂。

这时，班固的弟弟班超为了营救哥哥，立即骑上快马从扶风安陵老家急驰京城洛阳，他要向汉明帝上书申诉，为哥哥雪除冤枉。

班超赶到洛阳上书为班固申冤，引起汉明帝对这一案件的重视，特旨召见班超核实情况。班超将父子两代人几十年修史的辛劳以及宣扬"汉德"的意向全部告诉了汉明帝。这时，扶风太守也把在班固家中查抄的书稿送到了京师。

汉明帝读了班固的书稿，对班固的才华感到非常

京兆 古都长安及其附近地区的古称。五代的后唐，把长安改称为京兆府，作为国家的西京，泛指首都京城地区。元朝建立后，在潼关以西设立陕西行省，以京兆府作为陕西行省的治所，在京兆府城东北面，建造豪华宏伟的安西王府。后来，元政府又先后把京兆府改名为安西路和奉元路。

历史演绎

断代通史

■ 班固撰写《汉书》浮雕

断代史 以朝代为断限的史书。编年体和纪事本末体的史书，皆以朝代为断限，也属断代史。实际上，同一史书按不同标准可同时归入不同的体例。如《三国志》就既是纪传体史书，又是国别体史书，同时还属断代史史书体例。

惊异，称赞班固所写的书稿确是一部奇作，下令立即释放班固，并加以劝慰。

汉明帝赞赏班固的志向，器重他的才能，立即召他到京都皇家校书部供职，并封他为兰台令史。受任他与同朝的大臣共同编撰东汉光武帝的事迹。

班固与大臣们同心协力，很快完成了《世祖本纪》的修撰，并得到了汉明帝的赞赏。由于班固在编撰《世祖本纪》过程中的出色努力，他又被晋升为"郎"官，负责整理校准皇家图书。

班固被汉明帝任命为郎官之后，官阶虽然不是很高，但是与汉明帝见面的机会增多了，使得他的文才也逐渐显露出来，在随后的日子里渐渐得到了汉明帝的喜爱。

时间久了，汉明帝也开始关心班固的家人了。有一天，汉明帝突然想到前些日子赶到洛阳阙下为救班固冒险上疏的班超，便问班固："你的弟弟班超在干什么呢？"

班固回答说："他在为官府抄书，挣钱养我的母亲呢！"

汉明帝听后非常欣赏班超，认为班超的勇气和才华浪费了实在很可惜，便授班超为兰台令史。后来，班超奉命出使西域，被封为定远侯。

班固有条件接触并利用皇家丰富的藏书，为他撰写史书提供了重要条件。他在撰写东汉光武帝一朝君臣事迹期间，就显露出了卓越的才华，得到了汉明帝的赏识。

郎官 古代议郎、中郎、侍郎、郎中等官员的统称。在战国时就开始有了，本为君主侍从之官。秦、汉时郎官属郎中令，员额不定，最多时达5000人，以守卫门户、出充车骑为主要职责，也随时作为帝王的顾问和差遣。

《汉书》卷六《武帝纪》蜡像

汉明帝鉴于班固具有独立修撰汉史的宏愿，也希望通过班固进一步宣扬"汉德"，特别下诏，让班固继续完成所著史书。

班固开始全身心地投入撰史的事业之中，他撰史的进度也大大加快了。他在父亲班彪所著史书的基础上，广泛搜求，潜心思考与研究，历时40多年，终于写成了历史著作《汉书》。《汉书》是我国第一部纪传体断代史，是以西汉一朝为主，上起汉高祖元年，下终王莽地皇四年，共230年的史事。

《汉书》基本上按时间先后为序，对纪、表、志、传做了改造补充："纪"共12篇，是从汉高祖至汉平帝的编年大事记；"表"共8篇，多依《史记》旧表，而新增汉武帝以后的沿革；"志"共分10篇，是专记典章制度的兴废沿革；"列传"共70篇，仍依《史记》之法，以公卿将相为列传，同时以时代顺序为主，先专传，次类传，再次为边疆各族传和外国传，最后是《王莽传》居末，体统分明。

《汉书》以"十志"为主干，展开多种专史的撰述，为古代学术开辟了新领域。《汉书》新创立的4种志，是对于西汉的政治经济制度和社会文化的记载。《汉书》采用了大量的诏令、奏议、诗赋，还有类似起居注的《汉著记》、天文历法书，以及班氏父子的"耳闻"等。不少原始史料，班固都是全文录入书中。

《汉书》合并了《史记》中有关南越、东越、朝鲜、西南夷的史料等。这些古老记载，均是后来研究亚洲有关各国历史的珍贵资料。《汉书》还增补了《史记》对于国内外各民族史的资料，特别是汉武帝以后的史实，比较完整地记述了从远古到西汉末年匈奴民族的历史，比《史记》更加完备，从而提高了《汉书》的价值。

《汉书》开创了我国断代史的叙史方法，体例为后世所沿袭，是研究西汉历史最可靠的第一手材料。《汉书》在我国文学史上的地位也很突出。它写社会各阶层人物都以"实录"精神，平实中见生动，堪称后世传记文学的典范。在史书记述形式与内容的统一方面，《汉书》为后世树立了榜样。

阅读链接

《汉书》记载了这样一个故事，说有个富人，很喜欢古董，并收藏了很多。其中有一件稀有的玉盂，工艺精湛，具有很高的历史价值，深受这个富人的喜爱。有一天晚上，一只老鼠跳进了这个玉盂，正巧被这个富人看到了。他非常恼火，盛怒之下，他拿了块石头砸向老鼠。当然，老鼠是被砸死了，可是那个珍贵的玉盂也被打破了。

这件事使富人非常难过，他深深后悔自己的鲁莽，带来了不可挽回的损失。他认识到只考虑眼前，而忽视后果，将给自己带来灾难。他向世人发出警告，不要为了除掉一只老鼠而烧毁自己的房子，具有深刻的寓意。

三国历史断代史——三国志

三国时期，在蜀国领地巴西安汉，也就是现在的四川南充，一个后来在我国史学界有重要影响的小男孩降生了，他的父亲给他取名叫陈寿。少年时的陈寿聪明好学，他对历史著作特别有兴趣。他先通读了最为古老的历史著作《尚书》《春秋》，后又更精细地研习了西汉史学家司马迁的《史记》和东汉史学家班固的《汉书》，初步了解了写作史书的方法。

陈寿在读书的时候遇到一位老师，叫贺钦。贺钦是一位刚正不阿的好老师，他不但教陈寿知识，更教陈寿做人的道理。

陈寿在18岁时，进入了蜀国都城的太学学习，遇到了影响他一生的第二

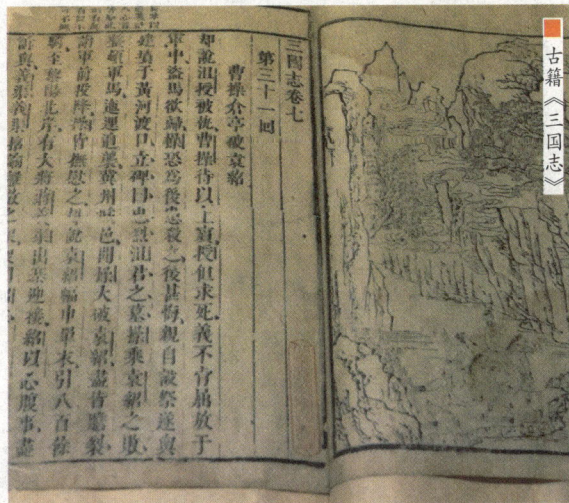

古籍《三国志》

三国战争画

谯周（约201年～270年），字允南，三国时期蜀汉学者、官员，著名的儒学大师和史学家，史学名著《三国志》的作者陈寿即出自他的门下。他在蜀汉灭亡后降晋，在晋官至散骑常侍。他博学广识，著书育人，忧国忧民，被称为"蜀中孔子"。

个人物，就是谯周。陈寿在谯周门下学习时，更进一步刻苦攻读史学，学习取得了长足进步。

陈寿25岁那年，他考取了举人，可他并没有骄傲自满，而是继续再接再厉，第二年又考取了进士。陈寿在蜀汉任观阁令史时，当时的宦官黄皓独揽大权，手下人都曲意奉承，陈寿因为不肯屈从黄皓，所以屡遭陷害被贬。

到了西晋王朝建立后，陈寿历任著作郎、治书侍御史等职，后来因为种种原因，他离开了朝廷。在陈寿31岁那年，他回到了家中。他在家中的每一天都在埋头读书，他的文学造诣更是日益加深。

268年，35岁的陈寿离开故乡，到了晋国都城洛阳，担任晋王朝的著作郎，专门负责编撰史书，从此他的人生步入了一个新的阶段。这时正是天下一统的政治环境，使得陈寿编撰史书的想法成为可能。

陈寿在48岁时，开始撰写史书，历经10年艰辛，一部鸿篇史学巨制终于编撰而成，取名《三国志》。

《三国志》全书一共65卷，其中《魏书》30卷、《蜀书》15卷、《吴书》20卷。《三国志》名为"志"其实无志。《魏志》有本纪、列传，《蜀》《吴》2志只有列传。

陈寿在写《三国志》时并不是非常顺利，由于当时他写书的时代太靠近三国时期，可以参考的他人成果并不多，他没有条件获得大量的文献档案。

后来从《魏书》《蜀书》《吴书》3书比较来看，《蜀书》仅有15卷，较《魏书》《吴书》简略一些。因为当时有西晋文学家王沈的《魏书》和史学家韦昭的《吴书》可作参考，这给陈寿搜集史料提供了极大方便。

当时蜀汉政权既没有设置史官，也无专人负责搜集材料，更没有现成的史书可以借鉴。陈寿费了很大功夫，就连一些零篇残文也注意搜寻，《蜀书》才仅得15卷。

《蜀书》中的许多重要人物事迹，记载都十分简略，可见蜀汉的史料是相当缺乏的。另外，因为政治上的原因，陈寿也可能舍弃了一些材料，这大概是魏、吴两国的史料多于蜀的缘故。

由于陈寿是晋臣，晋国是承魏而有天下的。所以，《三国志》便尊魏为正统。在《魏书》中，陈寿为曹操写了本纪，而《蜀书》和《吴书》则只有传，没有纪。

写刘备为《先主传》，写孙权则是《吴主传》。这是史书为政治服务的一个例子，也是《三国志》的一个特点。

陈寿虽然名义上尊魏为正统，实际上却是以魏、蜀、吴三国各自成书，如实地记录了三国鼎立的局势，表明了它们各自为政、互不统

曹操（155年~220年），字孟德，一名吉利，小字阿瞒。生于三国时沛国谯郡，即安徽省亳州。东汉末年著名政治家、军事家、文学家和书法家。曹操的文学成就主要表现在诗歌上。他的诗作具有创新精神，开启并繁荣了建安文学，给后人留下了宝贵的精神财富，史称"建安风骨"。鲁迅评价其为"改造文章的祖师"。

属的情况，因此地位是相同的。

就记事方法来说，《先主传》和《吴主传》与本纪完全相同，只是不称纪而已。陈寿这样处理，是符合当时实际情况的，这足见他的卓识和创见。

总体来说，《三国志》记事比较简略，这可能与史料的多少有关。陈寿所编撰的《三国志》在当时属于"现代史"，很多事都是他亲身经历、耳闻目睹的，比较真切。

但是因为时代近，有许多史料还没有被披露出来。同时，因为当时社会恩怨还没有消除，褒贬很难公允，也给材料的选用和修史带来了一定的困难。

《三国志》的取材非常谨慎，后来在南朝著名史学家裴松之编撰的《三国志注》中，记载汉魏交替之际的表奏册诏就有20篇之多，而陈寿在《三国志·文帝纪》中，只用了173字的一篇文章就把这件大事写

■ 三国作战地图

■ 三国战争谋划图

出来了。又如对东汉群雄之一的孙策之死，陈寿舍弃了神话著作《搜神记》等书上的荒诞传说，只记了孙策为刺客重伤而死的事。这些都反映了陈寿对史实的认真考虑和慎重选择的态度。

《三国志》行文简明、干净，它常用简洁的笔墨，写出传神的人物。

比如《先主传》记曹操与刘备论英雄时，当曹操说出"今天下英雄，唯使君与操耳。本初之徒，不足数也"和"先主方食，失匕箸"的话时，刘备韬晦的心情跃然于纸上。此外，书中所写其他的名士的风雅、谋士的方略、武将的威猛等，大多着墨不多，却栩栩如生。

《三国志》善于叙事，文笔也简洁，剪裁得当，它不仅是一部史学巨著，更是一部文学巨著。陈寿在尊重史实的基础上，以简练、优美的语言绘制了一幅

刘备 （161年~223年），字玄德。涿郡涿县，即今河北省涿州人，汉中山靖王刘胜的后代，三国时期蜀汉开国皇帝，即蜀汉昭烈帝。他以仁德为世人称赞，是三国时期著名的政治家。223年病逝于白帝城。史家又称他为"先主"。后世有众多文艺作品以其为主角，在成都武侯祠有昭烈庙作为纪念。

孙权（182年~252年），字仲谋，吴郡富春，即今浙江富阳人，三国时代东吴的建立者。据传他是春秋时期兵法家孙武的第22代孙，是孙坚的第二个儿子。生来紫髯碧眼，目有精光，方颐大口。形貌奇伟异于常人。自幼文武双全，早年随父兄征战天下。善骑射，年轻时常乘马射虎，胆略超群。

■ 三国孙权画像

幅三国人物肖像图，把人物塑造得非常生动，可读性极高。

《三国志》取材精当，陈寿对史实都是经过认真甄别和慎重选择的，对于不可靠的资料进行了严格审核，不妄加评论和编写，非常慎重地取材。

陈寿还能在叙事中做到隐讳而不失实录，扬其善而不隐其蔽。他所处的时代，各种政治关系复杂，历史与现实问题往往纠缠在一起，他在用曲折方式反映历史的真实方面下了很大的功夫。特别是对汉魏关系有所隐讳，措词委婉曲折，往往在别处透露出一些真实情况。

如建安元年，汉献帝刘协迁都许昌，本是曹操企图挟天子以令诸侯的不轨之举，但陈寿在这里并没用明文写曹操的政治企图，因为这是隐讳，他只写了迁都而不称天子，却说是曹操的谋士董昭等劝汉献帝迁都许昌。

另外，陈寿在《三国志·荀彧传》《三国志·魏志·董昭传》和《三国志·周瑜鲁肃吕蒙传》中都揭露了当时的真实情况。陈寿对蜀汉虽怀故国之情，他却不避讳刘备和诸葛亮的过失，记下了刘备以私怨杀张裕和诸葛亮错用马谡等事，这体现了陈寿作为一个良史之才的特点。

《三国志》从东汉末年的战

乱开始记载，重点也是以东汉末和三国时代的历史为主，并不是以西晋王朝结束三国统一为主，因此对三国中后期的历史事件记载比较简略。

因为当时晋朝正在准备编撰《晋书》，正在为年限的起始而争论。特别是当时著名的政治家、军事家杜预和张华也都推荐了陈寿参加编撰《晋书》，他为了避免与《晋书》重复才如此处理。

陈寿的《三国志》以东汉末期到三国中期为主，总体上具有一定的真实性。《三国志》与前三史《史记》《汉书》《后汉书》一样，都是私人修史。陈寿去世后，当时的尚书郎范頵上表说：

> 陈寿作《三国志》，辞多劝诫，明乎得失，有益风化，虽文艳不若相如，而质直过之，愿垂采录。

由此可见，《三国志》书成之后，就受到了当时人们的好评。陈寿叙事简略，很少重复，记事翔实。在材料的取舍上也十分严谨，为后世历代史学家所重视。后来史学界把《史记》《汉书》《后汉书》和《三国志》合称"前四史"，视为纪传体史学名著，并给予了很高的评价。

阅读链接

据《三国志》记载：诸葛亮很有学识，刘备知道后渴望诸葛亮辅佐，便和关羽、张飞去拜访诸葛亮。谁知诸葛亮刚好出游，刘备等人失望而归。过了几天，刘、关、张冒雪二次拜访，不料诸葛亮又出外闲游去了。刘备只好留下一封信。几天后刘备择日又往，当时诸葛亮正在睡觉，直到他醒来刘备才让人通报。这次终于得见。

诸葛亮被刘备的诚心打动，决心出山帮助刘备平定天下，为刘备"鞠躬尽瘁，死而后已"。"三顾茅庐"的故事广为流传。

唐代纪传断代史——新唐书

北宋时期，四川绵阳有一个励志少年叫欧阳修，他天资聪明，酷爱读书。但由于自幼家境贫寒，没有钱买书，所以经常借书来抄，久而久之，书不待抄完，已能成诵。

有一次，欧阳修在自家的院子里抄书，被邻家的李尧辅看到，李尧辅见他手中的笔有点不一样，就问他那是什么。欧阳修告诉他因为自己家里穷没钱买毛笔，所以就用荻草代替毛笔写字。说完，他们就一起到欧阳修家的阁楼玩，欧阳修告诉他阁楼里有很多他抄写的书籍，李尧辅却问为什么要抄书，自己家里有很多书。

欧阳修说自己家里没钱买不起书，还

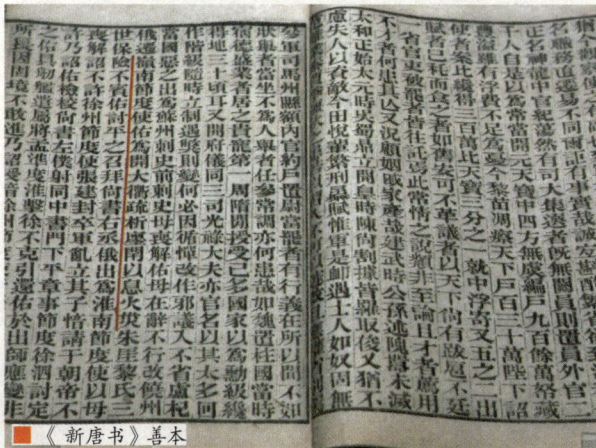

《新唐书》善本

■ 唐代礼乐

数落李尧辅不好好读书。李尧辅说自己一看见书就头疼。于是，欧阳修建议去李尧辅家玩，李尧辅听后开心得不得了。

欧阳修灵机一动，就说要去书房捉迷藏。游戏刚开始一会儿，李尧辅就捉到了正在看书的欧阳修，欧阳修告诉他没及时躲起来，是因为看到了一本书中有一个很奇妙的故事，说的是在上古的时候，在一个阳光照射不到的大海里，有一种叫"鲲"的大鱼，它可以变成大头鸟，翅膀有几千米宽。

这个故事引起了李尧辅的兴趣，在之后的几天里，他一直在看这本书。李尧辅的父亲感觉儿子最近有点奇怪，就去问先生他是否有认真读书，先生告诉他，李尧辅最近读书很用功，而且说是因为欧阳修带动了他。欧阳修刻苦学习的精神影响了他，将他带上了好学之路。

一次，李尧辅家里的侍从拿一些破旧的书去修补，被欧阳修和李尧辅看到，侍从说这些书全都发霉了，如果修补不好就丢掉。欧阳修看到了《韩昌黎文集》，觉得这是好书，如果要是扔了很可惜。李尧辅的父亲看到后说把那套书送给他，还说以后他喜欢读什么书都可以

■ 唐代科举考试放榜图

梅尧臣（1002年～1060年），字圣俞，世称宛陵先生，北宋著名现实主义诗人。通过欧阳修的推荐，做国子监直讲，后累迁尚书都官员外郎，故世称"梅直讲""梅都官"。曾参与编撰《新唐书》，并为《孙子兵法》作注，所注为"孙子十家注"之一。有《宛陵先生集》60卷，有《四部丛刊》影明刊本等。

去他家拿去读，不用再抄书了。欧阳修听后很高兴，并非常有礼貌地说"谢谢"！

由于欧阳修想尽一切办法读书，学问日益精进。1030年，欧阳修中了进士。第二年任西京留守推官，与国子监直讲梅尧臣和充馆阁校勘尹洙等大臣结为至交，互相切磋诗文。

欧阳修有一项重要的史学成就，就是他与翰林学士宋祁同修《新唐书》。这是他在任翰林学士、史馆修撰等职期间的作品。此书是北宋时期编撰的一部记载唐代历史的纪传体断代史书。

《新唐书》全书共有225卷，其中包括本纪10卷、志50卷、表15卷、列传150卷。前后修史历经17年，于宋仁宗嘉祐五年完成，《新唐书》修成后，有许多地方胜过《旧唐书》。《新唐书》对"志"特别重视，新增了《旧唐书》所没有的《仪卫志》《选举志》和《兵志》。其中《兵志》是《新唐书》的首创。《选举志》与《兵志》系统地整理了唐代科举制度和兵制的演变资料。

《新唐书》还在"列传"中保存了一些《旧唐书》所未载的史料。自"安史之乱"以后，史料散失不少，唐穆宗以下又无官修实录，所以宋祁为唐后期人物立传，采用了不少小说、笔记、传状、碑志、家谱、野史等资料。同时，还增加了不少唐代晚期人物的列传。关于少数民族的种族、部落的记载，新唐书比旧唐书不仅多而且详实。

《新唐书》在列传的标名上也做了归纳整理，如把少数民族仕唐将领合并到"诸夷蕃将传"中，把割据的藩镇也归到一起来写等，这样，就使得眉目更为清楚。《新唐书》在体例上第一次写出了《兵志》《选举志》，系统论述唐代府兵等军事制度和科举制度。这是我国正史体裁史书的一大开创，为以后《宋史》等所沿袭。

自司马迁创纪、表、志、传体史书后，魏晋至五代，修史者志、表缺略，至《新唐书》始又恢复了这种体例的完整性。以后各朝史书，多循此制，这也是《新唐书》在我国史学史上的一大功劳。

阅读链接

欧阳修任滁州太守时，常闲游山水，并与附近琅玡寺的智仙和尚结为好友。为便于他游览，智仙和尚带人在山腰盖了座亭了，取为"醉翁亭"，欧阳修为之写下了散文名篇《醉翁亭记》。

文章写成后，欧阳修张贴于城门，征求修改意见。开始大家只是赞扬，后来，有位樵夫说开头太啰唆，便叫欧阳修到琅玡山南门上去看山。欧阳修一看，便恍然大悟，于是提笔将开头"环滁四面皆山"之后的一串文字换上"环滁皆山也"5个字。如此一改，则文字精练，含义倍增。

官修史书——宋、辽、金史

那是在元代时，在蒙古族蔑儿乞人中，有个叫脱脱的人，容貌奇特，非同常人。脱脱到了上学的年龄，他的父亲特意为他拜请了浦江名人吴直方为师，有意将脱脱培养成国之栋梁。然而脱脱对读书并不太感兴趣，他对老师说："先生让我坐在这里，攻读圣贤之书，倒还不如给我多讲一些有关古代名人如何成才就业的故事呢。"

蒙古族折箭教子

在15岁那年，脱脱被征为皇太子的侍从。1331年，元文宗亲自授予他虎符，升调他为忠翊侍卫亲军都指挥使。1334年，元文宗让脱脱兼管宣政院事务。随后，朝廷迁他为中政使、知

枢密院。从进京起，不到6年时间，脱脱由于深得宣帝的信任，一连官升数级，成为朝廷中的省、部级大员。就任丞相后，脱脱大胆变更伯颜时期的旧制度，恢复科举取士，重新启用太庙四季祭祀的制度。

脱脱颁行的一系列恢复社会经济的政策和大刀阔斧的改革，赢得了朝廷上下及普通百姓的好评和称赞，人人都称他为"贤相"。脱脱于1344年农历五月因病辞职，由阿尔拉·阿鲁图继任中书右丞相，他继脱脱之后主持了纂修辽、金、宋三史，颁《至正条格》等工作。

《宋史》全书有本纪47卷、志162卷、表32卷、列传255卷，共计496卷，约500万字，是"二十五史"中篇幅最庞大的一部官修史书。其中还有《奸臣》4卷、《叛臣》3卷，为蔡京、黄潜善、秦桧、张邦昌、刘豫等所做的传记；另有《道学》4卷，为周敦颐、程颢、程颐、张载、朱熹等道学人物所做的传记。

《宋史》的体例完备，融会贯通了以往纪传体史书所有体例，纪、传、表、志俱全，而且有所创新。在现存的宋代重要史料中，唯有《宋史》贯通北宋与南宋，保存了320年间的大量历史记录，很多史

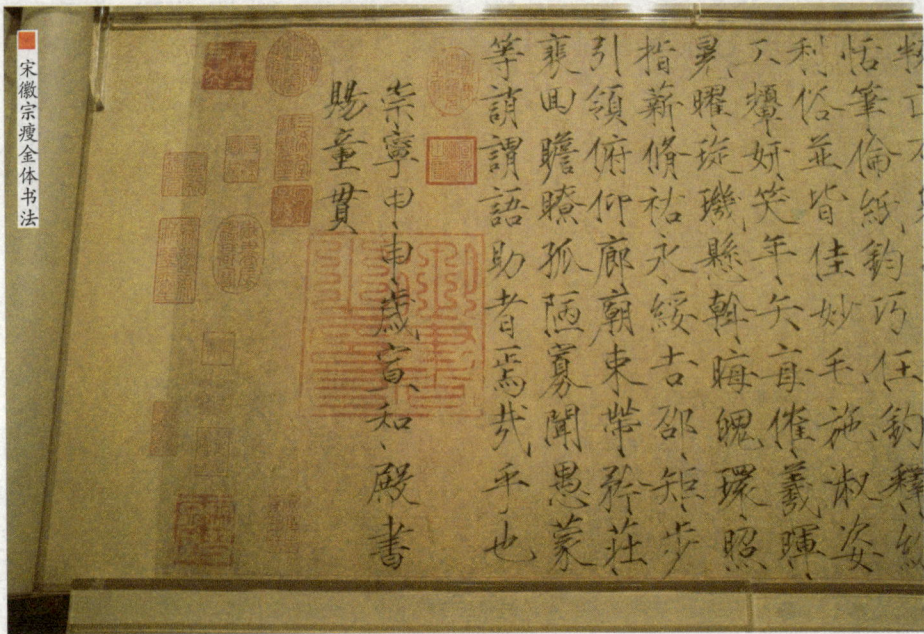

宋徽宗瘦金体书法

实都是其他书中所不载的。

《金史》全书135卷，其中本纪19卷、志39卷、表4卷，列传73卷，其中的《河渠志》《兵志》《食货志》《选举志》《百官志》5种，反映出金代社会的基本特征。《宋史》是保存宋朝官方史料和私人著述最系统全面的一部史书，具有相当高的史料价值。

《金史》的评价很高，认为它不仅超过了《宋史》《辽史》，也比《元史》高出一筹。《金史》不但记载了金建国以后120年的历史，而且为了专门叙述金太祖先世的生平事迹，回顾了女真族建国前的历史，从而保存了女真族早期历史的珍贵材料，备受今人重视。

《金史》还根据具体需要，创立了《交聘表》，以编年体表格的方式记述了金与邻国如宋、西夏、高丽的和战及来往关系，形式新颖，内容清晰。《金史》以"实录"为依据，史料翔实可信。如在记述金与辽的往来和征战中，对金执政者所用的计谋等，都能如实地叙述；对金执政者的残暴与互相倾轧，也能比较充分地揭露。

《辽史》撰成于元代，全书116卷，包括本纪30卷、志32卷、表8

卷、列传45卷、国语解1卷。它记载的是辽朝的历史。辽代是10世纪至12世纪前期契丹族在我国北部、东北部以至于西北部辽阔地区建立的强大王朝。

《辽史》的特点是列表较多，共有8表，仅次于《史记》和《汉书》。《辽史》的表多，减少了立传之繁，省却了许多篇幅，弥补了纪、志、传记载的不足。其中的《游幸》《部族》《属国》3表，是《辽史》的创新。

通过列表，使读者对各部族、各属国的情况，以及与辽朝中央的关系，都一目了然。《辽史》的最后有《国语解》一卷，对书中用契丹语记载的官制、宫卫、部族、地名等分别加以注释，为阅读《辽史》提供很大方便。

《辽史》作为现存唯一的一部比较系统、完整地记载了辽朝历史事实的著作，其珍贵和重要性是不言而喻的。《辽史》保存了许多由耶律俨的《辽实录》和陈大任的《辽史》二书所记载的许多材料，因而其史料价值还是比较高的。

阅读链接

脱脱虽不好读书，然而忠君孝义的观念却是根深蒂固的。有一次，皇上出行云州，正好遇上狂风发作，暴雨滂沱。咆哮的洪水像疯狂的野兽一般，迅速向出行队伍猛冲过来。车马人兽来不及躲避，全部被水冲散。慌乱之中，脱脱紧紧抱住皇太子爱猷识理达腊飞身上马，单骑向旁边的山顶冲去，皇太子得以幸免于难。

自此以后，太子长至6岁才回到皇宫。在此期间，每逢太子生病，喂药时，脱脱必先尝其冷热，再端给太子。皇上经常感激脱脱对皇太子的救命之恩："汝之勤劳，朕不忘也。"

元代纪传体断代史——元史

元朝末年，有一个叫宋濂的人，他小的时候，很喜欢读书，但是家里很穷，没有钱可以买书，只好向人家借。每次借书，他都讲好期限，按时还书，从不违约，所以大家都乐意把书借给他。

宋濂画像

一次，他借到一本书，爱不释手，便决定把它抄下来。由于书的内容很多，还书的期限快到了，还没有抄完，他只好连夜抄书。时值隆冬腊月，滴水成冰。他的母亲说："都半夜了，这么冷，天亮再抄吧。人家又不是等这本书看。"

宋濂说："不管人家等不等这本书看，到期限就要还，这是个信用问题，也是尊重别人的表现。如果说话做事不讲信

諸城郭人民甲相保門置水器不
設火具每物須備大風時作則傳呼以徇于路有司不
時點視凡救火之具其不備者罪之　諸遣火延燒係官
房舍杖七十七延燒民房笞五十七因致傷人命者
者笞二十七止坐失火之人　諸麴鹽草地輒縱野火
延燒者杖八十七所毀房舍財畜公私俱免徵燒自己房舍
專一闌防禁治　諸縱火圍獵延燒民房舍錢穀者斷
罪勒償責未盡而會赦者免徵　諸故燒太子諸王房
舍者處死　諸故燒官府廨宇及有人居止宅舍無問

舍字大小財物多寡比同強盜免刺杖一百七徒三年
因傷人命同殺人其無人居止空房并損壞財物及田
塲積聚之物同竊盜刺計贓斷罪因盜取財物者同
強盜刺斷並追陪所燒物價傷人命者仍徵燒埋銀再
犯者決配役滿徒千里之外　諸挾仇放火隨時撲滅
不曾延療者比強盜不曾傷人不得財杖七十七徒一
年半免刺雖親屬相犯比同常人　諸每月朔望二弦
凡有生之物殺者禁之　諸郡縣歲正月五月各禁宰
殺十日其機僅去處自朝日為始禁殺三日　諸爭
自十二月至

■ 元史刑法志禁令

用，失信于人，怎么可能得到别人的尊重呢？"

　　有一次，宋濂要去远方向一位著名的老师请教，并约好见面的日期，谁知道出发那天下起了鹅毛大雪，当宋濂挑起行李准备上路时，母亲惊诧地说："这样的天气怎么能出远门呀？老师那里早已经是大雪封山了，你这一件旧棉袄，哪里抵御得了深山的严寒呢？"

　　宋濂说："娘，今天不出发就会耽误了拜师的日子，这就是失约，失约就是对老师的不尊重，风雪再大，我都得去。"

　　当宋濂到达老师家里时，老师高兴地称赞道："年轻人，守信好学，将来必有出息。"

　　到了成年时，宋濂就更加仰慕圣人贤士的学说。但是又担心没有大师、名人和自己交流。所以，他就

圣人　指知行完备、至善之人，是有限世界中的无限存在。才德全尽谓之圣人。这个词语最初出于儒家对"止于至善"的人格追求，所以圣人的原意，是专门指向儒家的。中国古来将有德有才之人曰贤士，即满腹经纶、道德、言行合于圣哲之言者。

朱元璋（1328年～1398年），字国瑞，原名朱重八，后取名兴宗。濠州钟离人。明朝开国皇帝，谥号"开天行道肇纪立极大圣至神仁文义武俊德成功高皇帝"，庙号"太祖"。他在位时结束了元朝民族等级制度，努力恢复生产，整治贪官，其统治时期被称为"洪武之治"。

每天跑到很远的地方，专心地去向有名望的前辈请教。前辈的弟子很多，挤满了房间，先生十分严厉，宋濂毕恭毕敬地提出问题并询问道理，弯下身子，侧着耳朵来请教。

先生有时训斥，宋濂也不畏缩，而是表现得毕恭毕敬，态度非常好。有时等到先生高兴时，先生便更具体地给他讲道理，这让宋濂受益匪浅，获得了更多的知识。

宋濂因举荐被授为翰林编修，但他以父母年老为由坚辞不就，而到龙门山闭门著书。

十余年后，明太祖朱元璋召见宋濂。知府王显宗奉命开办学校，经人推荐就聘请了宋濂及叶仪为"五经"老师。随后，在李善长的举荐下，宋濂与刘基、章溢、叶琛一起应征来到应天，授为江南儒学提举，奉命讲授太子经。

宋濂比刘基大一岁，两人都起于江南，皆负重

■ 元代水排模型

■ 元代铜火铳

名。刘基雄健豪放，有奇才之气，而宋濂则自命为儒者。刘基在军中出谋划策，宋濂则以文学之长受到朱元璋的赏识，随侍朱元璋左右，作为顾问。

明太祖曾召宋濂讲解《春秋左氏传》，宋濂进言道："《春秋》是孔子褒善贬恶的书，如能遵行，则赏罚公正适中，天下便可平定！"明太祖御临端门，宋濂口释黄石公《三略》。

宋濂说："有了《尚书》、'二典'，帝王所需大经大法便已经具备，但愿能留意而将其讲明。"

不久，朝廷论功行赏，宋濂又说："得天下以得人心为本。如果人心不固，尽管有许多的玉帛财富，又有什么用呢？"明太祖认为他所说的很有道理。

宋濂请求返乡探亲时，明太祖及太子都对他倍加慰劳、赏赐。宋濂上书谢恩，并致信太子，勉励他要孝友敬恭，进德修业。

明太祖看了这封信后十分高兴，立即传召太子，将信中内容告诉他。明太祖还亲自赐信褒奖，答复宋濂，并令太子回信以示回报。随后宋濂便因父亲去世，服丧守制，守丧期满，即奉诏返京。

1369年，明太祖下诏修《元史》，宋濂被任命为总裁官。这次编写至秋季结束，仅用了188天的时间，便修成了除元顺帝一朝以外的本纪37卷、志53卷、表6卷、传63卷、共159卷。

■ 元代官吏蜡像

方言 语言的变体。可分地域方言和社会方言，地域方言是语言因地域方面的差别而形成的变体，是全方言民族语言的不同地域上的分支，是语言发展不平衡性而在地域上的反映。社会方言是同一地域的社会成员因为在职业、阶层、年龄、性别、文化教养等方面的社会差异而形成不同的社会变体。

这次修史，以大将徐达从元大都缴获的元代13朝实录和元代修的典章制度史《经世大典》为基础。由于编纂的时间太仓促，缺乏顺帝时代的资料，全书没有完成，于是派欧阳佑等人到全国各地调集顺帝一朝资料，重开史局，仍命宋濂、王祎继续纂修。

宋濂等人经过143天而书成，增编顺帝纪10卷，增补元统以后的《五行》《河渠》《祭祀》《百官》《食货志》各1卷，"三公"和宰相表的下卷，《列传》36卷，共计53卷。然后合前后二书，按本纪、志、表、列传厘分后，共成210卷，也就是现在的卷数。两次纂修，历时仅331天。

《元史》全书210卷、纪47志、志18卷、表8卷、列传97卷，记述了从蒙古族兴起到元王朝建立和灭亡的历史。

《元史》的本纪，以记载忽必烈事迹的《世祖本纪》最为详尽，有14卷之多，占本纪篇幅的三分之一；其次是《顺帝本纪》，有10卷之多。这是因为元世祖和元顺帝在位时间都长达30多年，原始史料丰富，所以对他们的记述就比较详细。这体现了《元史》编纂中的实事求是的精神。

《元史》的史料来源一是实录，二是《经世大典》，三是文集碑传，四是采访。《元史》的志书，对元代的典章制度做了比较详细的记述，保存了大批珍贵的史料。其中以《天文》《历志》《地理》《河渠》4志的史料最为珍贵。

《天文志》汲取了元代杰出科学家郭守敬的研究成果。《历志》是根据元代历算家李谦的《授时历议》和郭守敬的《授时历经》编撰的。《地理志》是根据《大元一统志》，《河渠志》是根据《海运纪原》《河防通议》等书编撰的。

《元史》的列传有类传14种，大多沿袭以往的史书，只有《释老》一传是《元史》的创新。《释老》是记载宗教方面的列传，从中可以了解宗教在元朝所居的地位和发展情况。

《元史》列传还有个特点，即所叙述的事都有详细的年、月、日记载，这就更增加了其参考价值。

《元史》的体例整齐，文字浅显，叙事明白易懂，还保留了当时的不少方言土语，这同明太祖朱元璋提倡浅显通俗的文字是分不开的。《元史》中保存了这些书的内容，史料价值就更为可贵。

阅读链接

宋濂很爱读书，遇到不明白的地方总要刨根问底。有一次，宋濂为了搞清楚一个问题，冒雪行走数十里，去请教已经不收学生的梦吉老师，但老师不在家。宋濂并不气馁，而是在几天后再次拜访老师，但老师并没有接见他。因为天冷，宋濂和同伴都被冻得够呛，宋濂的脚趾都被冻伤了。

当宋濂第三次独自拜访的时候，掉入了雪坑中，幸被人救起。当宋濂几乎晕倒在老师家门口的时候，老师被他的诚心所感动，耐心解答了宋濂的问题。

后来，宋濂为了求得更多的学问，不畏艰辛困苦，拜访了很多老师，最终成为闻名遐迩的大学者。

明代纪传体通史——明史

　　那是在清康熙年间，宰相张英有一次告假回乡省亲，顺便把儿子张廷玉也带回了老家。

　　小廷玉在京城出生，虽说聪颖异常，10来岁就已能熟诵《尚书》

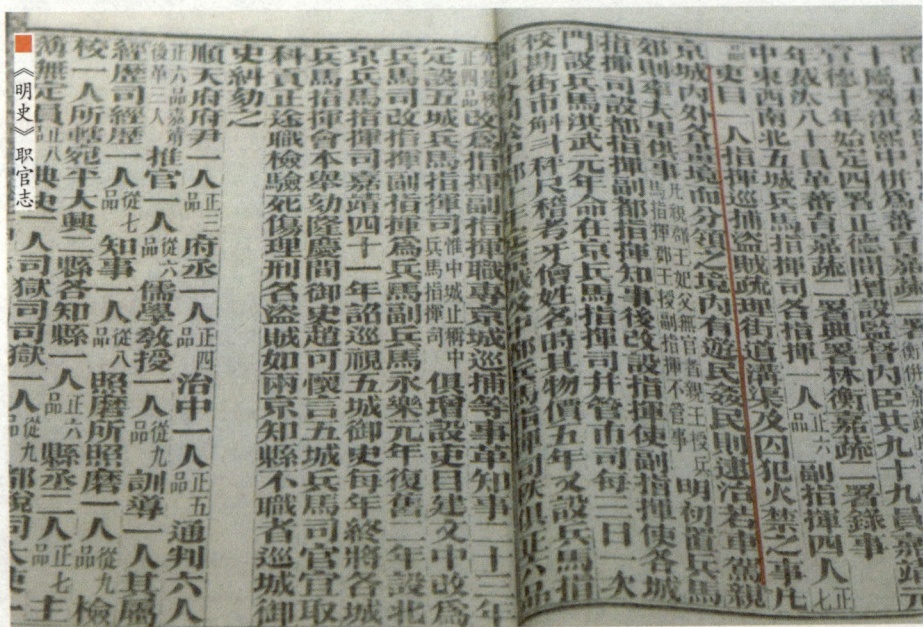

《明史》职官志

■ 明代将军蜡像

《毛诗》了，但张英想让他领略一下家乡秀美山川，感受故乡的灵气，这肯定对他今后的成长有好处。

时值阳春三月，山峦崇翠，春波荡漾，新竹苗壮，百花争艳。张英带着小廷玉在村边的田野间漫步，张廷玉的老师倪伯醇陪同着这父子俩。

眼下正是早稻插秧的季节，各家各户忙着栽插自家的稻田。栽插的人们把秧苗拔起来，用去年的稻草扎好，挑到待插的田边，然后撒向田中。人们你追我赶，充满劳动的欢快气息。

小廷玉在田埂上跑来跑去，一会儿逮蜻蜓，一会儿抓青蛙。甚至去帮插田的人扔秧，兴奋地欢叫着，对一切都感到新奇，都想去插上一手。张英慈祥地看着他，脸上满是欣慰、爱怜。

在京城的家中，张英对孩子的管束很是严厉，除了念书还是念书，借着回乡这个机会，是应该让孩子

张英（1637年~1708年），字敦复，一字梦敦，号乐圃，又号倦圃翁，桐城人，清代著名大臣张廷玉之父。相继任《国史馆文略》《大清一统志》《渊鉴类函》《政治典训》和《平定朔漠方略》等总裁官。授文华殿大学士，兼礼部尚书。后获准退居乡里，康熙御书"笃素堂"匾额相奖，后成为清代名臣。

鎏金 古代金属工艺装饰技法，用涂抹金汞剂的方法镀金，近代称"火镀金"。这种技术在春秋战国时已经出现。汉代称"金涂"或"黄涂"。鎏金，亦称"涂金""镀金""度金""流金"，是把金和水银合成的金汞剂，涂在铜器表层，加热使水银蒸发，使金牢固地附在铜器表面不脱落的技术。

■ 明代景泰蓝花瓶

在大自然里恢复他孩童的天性。张英若有所思，又漫不经心地与倪先生信步徜徉在村头、田边，不时回首与倪先生交谈。

蓦地，他向倪先生耳语了几句，倪先生微笑点头。"廷玉，过来！"

听到喊声，张廷玉赶紧跑到张英面前，问道："什么事，父亲？"

父亲问："看到那些秧把是用什么扎的吗？"

张廷玉扬脸回答："稻草呀。"

父亲问："稻草又是什么呀？"

小廷玉答道："去年的稻子呀。"他不知道父亲为什么要问他这么浅显的事情。

这时父亲说："噢。那我出一个对子给你。"

小廷玉顿时整肃起来，看着自己的先生，以为自己疯玩没了规矩，让父亲生气了。先生一脸鼓励的神情。

张英说道："很简单，就是你眼前看到的：稻草扎秧，父抱子。"

小廷玉从这个上联中感受到父亲的爱意。正在这时，一位农妇拎着一个竹篮从旁边经过，竹篮里装着刚从竹林中采来的鲜笋。小廷玉一眼瞥见，脱口而出："竹篮装笋，母怀儿！"

张英与倪先生脸上都露出满

意、赞赏的神情。张英说："去玩吧。"小廷玉复又飞奔而去。

倪先生说："张大人，想难倒我的学生，看来不那么容易哟！"二人拊掌大笑。

张廷玉长大后，这时已是乾隆执政时期。他身兼数职，身为大学士、军机大臣，兼管户部、吏部、翰林院，又担任国史馆和其他好几个修书馆的总裁官，职务繁多，工作忙碌。

传说张廷玉在朝为官，日理万机，一日下朝回家，想起好久没给在家乡的叔叔写信，便走进书房提笔写信。刚刚在一张鎏金笺上写下"叔叔大人台鉴"几个字，就听得门外大声通报："皇上驾到！"

乾隆皇帝少年心性，对什么都很好奇，他拿起张廷玉刚刚写信的那张纸，问道："老爱卿这是正在给谁写信啊？"

"回皇上，正要给家乡的叔叔写信。"张廷玉回答道。

"这不分明是'椒椒'吗？"

张廷玉一看，坏了，匆忙间笔误，果然将叔叔写成"椒椒"了！但他在皇上眼里是个了不得的人物，不肯因这些小事失了面子，便顺水推舟地答道："敝乡叫叔叔原本就是'椒椒'的。"

翰林院 简称"翰林"，是传统社会中层次最高的士人群体。翰林院是从唐朝开始设立的，初时为供职具有艺能人士的机构，自唐玄宗后，翰林分为两种，一种是翰林学士，供职于翰林学士院；另一种是翰林供奉，供职于翰林院。翰林学士担当起草诏书的职责，翰林供奉则无甚实权。

历代的史册

明代授官图

钦差大臣 简称钦差，是明清时一种临时的官职。钦，意为皇帝，钦差即皇帝差遣之意，因此钦差大臣是由皇帝专门派出办理某事的官员。因为代表了皇帝本人，所以其地位十分了得。担任该官职往往都是皇帝信得过的高官，能得此职事本身也是一种荣誉。一般事毕复命后，该官职便会取消。

没想到如此更加撩拨起乾隆皇帝的好奇心，硬是要派钦差大臣到桐城察访。张廷玉急了，这可是欺君之罪啊！连夜修书一封，派流星快马急急赶回桐城。桐城县令接到相爷书信，知是大事，便赶紧布置。

钦差召集四乡八镇的乡绅询问，也亲自到市井之中随机暗访，都异口同声回复说"椒椒"就是叔叔。钦差回京复命。从那时起，桐城人便将叔叔喊作"椒椒"了。

在此期间张廷玉修撰《明史》。对于应办事宜，张廷玉丝毫不敢草率，每当晚上回到家后，他就点燃蜡烛，继续做当天没有完成的事情，即使在特别热的夏天，他也很晚才睡，如果躺下之后，又想起什么事、什么稿有未妥之处，他就披上衣飞速起床，予以改正。黎明之时重新抄写缮录，以备进呈。整整60年《明史》截稿。

《明史》是清代官修的一部反映我国明代历史情况的纪传体通史。全书336卷，其中目录4卷、本纪24卷、志75卷、表13卷、列传220卷。《明史》本纪所占不足全书十分之一，若以字数而论，则所占不及全书二十五分之一。

《明史》编纂体例中的一个特点，即本纪在纪传体史书中，是以编年形式叙史的部分，《明史》显然是将本纪作为全史之纲，以简明扼要的方式，首列于全书之前，使人在读阅这部史书之时，首先了解到有明一代历史之概况，而不是使人在读阅本纪时便事无巨细尽览尽知。这应该算是《明史》修纂整体设计上的独到之处。《明史》本纪的另一个特点是尊重史实，不以明代官定史论为据。

在《明史》列传中，《外国传》及《西域传》反映了当时与境外国家及部落地区的联系，保存了大量东南亚及中亚等地历史资料，是研究这些国家历史及中外关系史的较好参考资料。

《明史》以编纂得体、材料翔实、叙事稳妥、行文简洁为史家所称道，是一部水平较高的史书。这反映出编者对史料的考订、史料的运用、对史事的贯通、对语言的驾驭能力都达到较高的水平。

阅读链接

张廷玉与一位姓叶的侍郎都是安徽桐城人。两家比邻而居，都要起房造屋，为争地皮，发生了争执。

张老夫人便修书北京，要张廷玉以宰相的身份出面干预。没想到，张廷玉看完来信后，立即作诗劝导老夫人："千里捎书只为墙，让他三尺又何妨？万里长城今犹在，不见当年秦始皇。"张老夫人见到书信后，很是明理，立即主动把墙往后退了三尺。叶家见此情景，深感惭愧，也马上把墙让后三尺。张、叶两家的院墙之间，就形成了六尺宽的巷道，这就是有名的"六尺巷"。

清代历史的正史——清史稿

赵尔巽是清政府最后一任盛京将军。他于1844年出生在铁岭的一个官宦世家，汉军正蓝旗人，于清同治年间考中进士，被授翰林编修，后来任湖南巡抚、户部尚书、盛京将军。

赵尔巽在盛京将军任时，着意整理财政，开始成立财政局，铸造银元，创办东三省银号，发行纸币。因其措施得当，为人清廉，在任两年，使得奉天省财政大有改观。

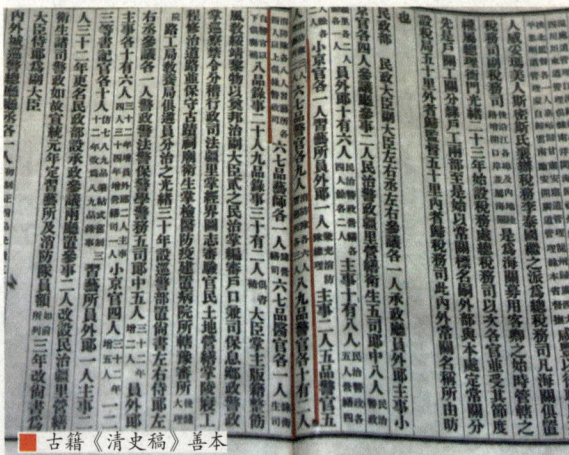
■古籍《清史稿》善本

1911年，赵尔巽任最后一任东三省总督时，"辛亥革命"爆发，赵尔巽蛰居青岛，住在宁阳路。当时青岛人因其巷中住有清代遗臣，遂名"清官巷"，不久，王公大臣蜂拥沓

至，多居于巷中，于是众人又呼为"赃官巷"。

1914年3月，赵尔巽被袁世凯召为清史馆馆长，主编《清史稿》。他上任以后，聘前清遗老、著名学者柯劭忞、缪荃孙等100多人，工作人员200多人，名誉职位300多人，组成写作班子，开始编修清史。

在当时，国力衰微，经费极为紧张，特别是1917年后，费用几乎到毫无着落的地步。赵尔巽认为，此事事关一代国史，"失今不修，后业益难着手"，再困难也"不敢诿卸"。

因此，赵尔巽一方面节约开支，敦促同人加快进度、多尽义务，另一方面以其威望向各军阀募捐，并言："不能刊《清史》，独不能刊《清史稿》乎！"

1927年，《清史稿》编成。此书为研究清代历史提供了权威史料。当年9月3日，赵尔巽在北京病逝，时年83岁。翌年，《清史稿》正式付印出版。

《清史稿》全书536卷，其中本纪25卷、志142卷、表53卷、列传316卷，以纪传为中心。所记之事，上起1616年清太祖努尔哈赤在赫图阿拉建国称汗，下至1911年清王朝灭亡，共296年的历史。

《清史稿》汇集了比较丰富的清史资料。由于清灭亡时，政府档案、私家著述和文化典籍保存得比较完整，这就为编写《清史稿》提供了充实的原始资料。当时的主要史料有《清实录》，从清太祖到清宣统凡12朝，共4400卷。

在《清国史》中，纪、传、志、表俱全，清亡前，清代国史馆已编成754卷；清诏书，又称《圣训》，共1624卷；清典志4938卷；清朝人物传记、名人年谱等2000多卷；清纪事史书《东华录》等1000卷以上。此外，官方对某一具体事件的纪略，私人记某一事件的始末，更是数不胜数。

《清史稿》取材"以实录为主，兼采国史旧志及本传，而参以各种记载，与夫征访所得，务求传信"。集中并系统整理了有清一代的史料，为后人研究清代历史积累了丰富的素材，这是值得肯定的。

《清史稿》是由北洋政府设馆编修的记载清代历史的正史。本身史料丰富，其价值不可忽视。

阅读链接

清人李伯元在《南亭笔记》中记载，赵尔巽不仅在湖南任上创办了多所专科学校，还经常喜欢驾临高等学堂，演说民权自由的道理。一次，赵尔巽正在演说时，一位学生站起来反驳他。回家后，赵尔巽连夜写了一篇答辩书，其中引用了华盛顿、赫胥黎、克林威尔、林肯、孟德斯鸠等数10位世界名人言论，令时人惊叹不已。

《南亭笔记》还提到，赵尔巽反对汉族妇女缠足。他在湖广总督任上时，坚决反对汉族妇女缠足。此外，赵尔巽还主张禁烟。他在湖广总督任上的一项重要举措，就是颁布了《筹议湖北禁烟缉私汉局章程》，制定了详细的禁烟法则，推出了一些具体的戒烟药方，力求从根本上清除鸦片对我国的危害。

史学著作

　　中华民族有着悠久的历史，也有记载历史的传统。人们以记录、整理、研究、总结等方式，将历史事件总结成文，抒发自己的观点。有时还把现实发展趋势和史上类似现象进行有机结合，利用知识对历史和现实进行评说。这就产生了各种史学著作，以及历史修撰方法和研究方法等。

　　我国主要史学著作有《史通》《通典》《文献通考》《通鉴纲目》《文史通义》《廿二史札记》等。这些卷帙浩繁的史书，使得我国的历史文明得以不断传承。

朱熹 (1130-1200)

体例完备的政书——通典

中唐时期，在京兆万年即今陕西西安附近的杜姓世族家庭，出生了一个男孩，他的父亲杜希望给他取名叫杜佑。

杜希望曾任鄯州都督、恒州刺史、西河太守等职位，颇有政绩。由于家庭的关系，杜佑自小就喜读史书，18岁那年以父荫入仕做济南郡参军，后受其父之友韦元甫的赏识在韦元甫的幕府中任职。后来，杜佑入京授工部郎中，充江西青苗使，此后一直在江西、广西地方担任要职。

杜佑画像

唐德宗即位后，杜佑被重新调回京城担任工部郎中，并任水陆转运使、度支郎中兼和籴使。杜佑虽然由于朝廷中权臣的排挤，曾经一度外派做岭南、淮南节度使，但凭借其卓越的政绩，最终还是被重调回京并担任宰相的职位。

有一年，杜佑去淮南，正好遭逢旱灾，饥荒严重。他一方面下令富户出售粮食，救济灾民，一面革除苛捐杂税，安定社会。

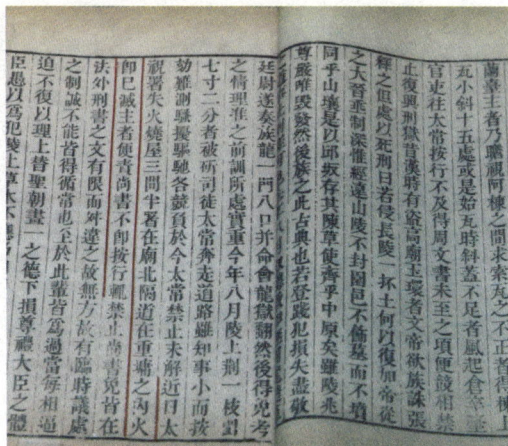

■ 古籍《通典》

杜佑上奏章给皇帝，认为救济灾民的方法，最好是裁减官员、节约财政支出。为此，杜佑列举很多事实，来论证这个方法是可行的：

汉光武帝建武年间，撤除了400个县，官吏一概10人中选1人；三国时魏国太和年间，分别派出使者减少官员，正始年间合并郡县；东晋孝武帝太元年间裁减了700名官员；隋朝文帝开皇年间废除了500个郡；本朝贞观初年裁减宫女、妃嫔、太监600人。

杜佑认为，设立官员的根本目的是治理百姓，所以古代都按人口设置官吏，不肯虚设。自汉至唐，因为战争四起，国家财政困难，所以裁减官员，这样的确是救济灾民的最合适的办法。

在奏章中，杜佑希望皇上改革，他说："出赋税的户数减少了，但领取俸禄的官员人数仍旧那么多，怎么能不改革呢？"

当时的淮南扬州，久经兵乱，官舍多被毁坏。驻军没有营房，很多士兵住在破庙里，储备没有仓库，

唐德宗（742年～805年），即李适，唐肃宗的长孙、唐代宗的长子。他是唐代第九位皇帝，谥号为神武孝文皇帝。在位前期，坚持信用文武百官，严禁宦官干政，颇有一番中兴气象；但在"泾原兵变"后，文官武将的相继失节与宦官集团的忠心护驾所形成的强烈反差，使他放弃了以往的观念。

很多粟帛留在支郡中。杜佑为了解决军队用房和财货贡赋储存的问题，兴建了营房和仓库。为了发展农业生产，他修整旧有的雷陂，还开凿了新渠，以资灌溉。又开滨海弃地为稻田，稻子产量很高，积米至50万斛。于是淮南兵精粮足，为四邻所畏。

杜佑生活的年代，正是唐代由盛转衰的时期，他官居宰相多年，对当时的政治、经济、军事状况比较了解，对朝政弊端也有所认识，因此在国家政策上也颇有自己的主张和见解。

在政治上，杜佑以富国安民之术为己任，针对时弊，提出节省开支，裁减官员的主张，同时他又精于吏道，颇受朝野敬重。

在经济上，杜佑提醒执政者要重视粮食、土地与人三者的关系，轻徭薄役，实行"两税法"，反对征收人头税，只征收土地税及山泽、工商税，使人民与土地相结合减少流亡。

杜佑生平好学，手不释卷。因此在文化思想上，他能总结历代典章制度的历史演变、得失兴革而对现实的政治进行改革。

杜佑在公事之余，勤于著述。穷尽36年的心血，博览古今典籍和历代名贤论议，考溯各种典章制度的源流，于贞元年间的801年，完成了一部重要的历史著作《通典》，写完后他派人献给了朝廷。这部书开创了典章制度专史的先河。

《通典》是我国历史上第一部体例完备的政书，全书200卷，附考证1卷，内分9门，子目1500余条，约190万字。专叙历代典章制度的沿革变迁，从远古时代的黄帝起，到唐玄宗天宝末年止，分为9类，以食货居首，次以选举、职官、礼、乐、兵、刑、州、郡、边防，每类又各分子目。

对于历代典章制度，《通典》都详细地叙述了它们的源流，有时不但列入前人有关的议论，而且用说、议、评、论的方式，提出自己的见解和主张。

《通典》的体例仿效纪传体正史中的志书，将断代体改为通史体，是一部专门记载历代政治、经济等制度沿革变迁的典志体史书。

《通典》记述了传说中的黄帝，下迄唐天宝末年的制度沿革。它是我国历史上第一部记述历代典章制度的典志体史书，为史学的发展开辟了一条新途径。它确立了典制体政书的体例，对后代政书的编撰影响极大。

史学著作

阅读链接

杜佑为人平易近人，谦逊和顺，人们都很尊敬、爱戴他，皇帝对他更是赞赏有加。杜佑年事高时，想辞官回家养老，可是皇帝不批准，命令他只需三五天到中书省去一次，主持平章政事。杜佑每次觐见皇帝，皇帝都很尊敬他，以礼相待，称他的官职而不叫他的名字。

后来杜佑坚决请求退休回乡，皇帝只好同意了，仍封他为光禄大夫，在太子太保官职上退休。让他在每月十五日、三十日会朝，派宦官赐给厚礼。杜佑病故后，赠册追封为太傅，谥号"安简"。

历代典章制度——文献通考

南宋时期，右丞相兼枢密使马廷鸾家出生了一个男孩，取名马端临。马端临自幼天资聪慧，且有良好的家学条件。他很小就在母亲的指导下读经书，7岁成童即能诵读"四书五经"。在幼年的10余年间，马端临遍读了宋以前历代正史、稗官记录、私家文征和唐宋两代名臣

■南宋文人雕塑

奏疏、名儒评论，还向朱熹学派的曹泾研习了"朱程理学"。他如此勤奋地博览群书，为他日后编写《文献通考》积累了大量的资料。

1279年，南宋为元所灭，马端临以隐居不仕进行消极抵抗。当时，投降元政府并担任吏部尚书的留梦炎曾招马端临出来做官，他没有答应，他想

将毕生的心血倾注在著书上面。

马端临是一位学识渊博的学者，他平素很注重学问的积累和资料的搜集整理，认为这是治学的重要门径。他认为，修史的目的在于考察历朝历代兴亡盛衰的缘由，为执政者提供经验教训，这就必须对历代王朝的典章制度做一番考订工作。

从早年起，对于以往的史学家及其著作，马端临特别推崇唐朝杜佑的《通典》和南宋郑樵的《通志》。所以，他就决心以《通典》为蓝本，"采摭诸书"，重编一部记述历代典章制度的专著。

马端临从1273年开始准备，1290开始纂写，直至1300年，历20余年的努力始告竣，取名《文献通考》，同年刊行于世。在《文献通考》的编撰过程中，马端临也得到了父亲马廷鸾的悉心指导。

马端临在《文献通考》中所写按语是其书的精华。马端临通过"按"来抒发自己的见解，不少见解非常精辟，言人所未言；通过"按"介绍各家之说，指出典章制度的来龙去脉，历史事件的演变过程；同一事件在不同时期的差异或特点；历史人物的成败得失，显赫一时的帝王将相，不免尚有罪恶或过失，大多是就事论事，具体问题进行具体分析。

在"按"这部分，马端临对一些错综复杂的历史现象，以划分阶段的办法加以论述，要言不烦，一目了然。对史料的取舍，他是有选择原则的，往往在"按"中加以说明。最值得注意的是，在"按"中纠谬正误，拾遗补缺，释疑解惑，剖析是非，指点门径。

从全书的指导思想到编写体例，以及一些具体问题的处理，都贯穿着马廷鸾的辛勤劳动与深思熟虑。马端临的"按"是其父"先公曰"的继承和发展，集中了父子两代人的智慧，在《文献通考》中起到画龙点睛的作用，多有鉴古以警世之意。

《文献通考》共348卷，上起夏、商、周三代，下终南宋宋宁宗嘉

汉代乐舞木俑

定末年的典章制度通史。分为田赋、户口、征榷、选举、职官、乐、兵、弄、学校、钱币等24门，是继《通典》《通志》之后，规模最大的一部记述历代典章制度的著作。它与《通典》《通志》合称"三通"。

《文献通考》在《通典》的基础上广泛地搜集史料，详细地加以考证，去伪存真，归类分目，按时代先后排列比较。全书有"文""献""考"3种。"文"是文献网罗与考订，"献"是指前人之议论，"考"主要是马端临的按语。

同时，在各条后面辑录前人和当时文人学士的议论，最后再用按语的形式阐述自己的见解。他的按语，贯穿古今，言辞恰当，力求从历史事实出发，做出审慎的结论，尤其对于土地制度、兵役制度所发表的见解为前人所未有。

马端临生活在宋末元初，他深深懂得南宋王朝灭亡的主要原因。因此，他对宋代制度的研究功夫最深，

体例 著作的编写格式或文章的组织形式叫体例。体例包括的具体内容有：标题、断限、序言、评议、注解、目录、凡例、索引等项内容。史书的体例包括编年体、纪传体、纪事本末体，以及通史、断代史和国别体等。

对宋代的典章制度，记载也特别详细，对两宋政治的黑暗面进行了揭露，从而使书中有关宋代的记录较为真实可靠，其史料价值超过了同类的其他著作。

清末著作家阮元认为，读《资治通鉴》，已通晓历代政事；读《文献通考》，已通晓历代政典，号称"二通"。近代历史学家罗香林在《中国通史》中认为，马端临《文献通考》已与郑樵《通志》并行，虽荟萃群英不及郑氏二十略，而详瞻处亦多可取。

《文献通考》作为一部记叙我国历代典章制度的专著，与司马光的《资治通鉴》起了相辅相成的作用。

人们说，读《通鉴》而不读《通考》，就好比读"纪、传"而不读"志、表"，只知一代的人物事迹，而不知一代的典章制度。相反，如只读《通考》而不读《通鉴》，犹如知"志、表"而不知"纪、传"。所以，只有两部书结合起来读，才会对我国上下几千年的历史有个较全面的认识。

《文献通考》是我国古代典章制度方面的集大成之作，体例别致，史料丰富，内容充实，评论精辟，在我国浩渺的史籍中有很重要地位的。而马端临的卓越贡献，亦当为世代所敬仰。

阅读链接

马端临谋求治国安邦之心甚切，欣赏宋初仁政，对宋末管理集团的腐败极为愤慨，厌恶严酷之法，痛恨根连株逮多杀人。

马端临认为，欲实现清明之政，事在人为，一切工作必须任用得人，重荐举，重贤才。他主张改革人事制度，改革科举，广开门路，不问出身，唯才是举。"爱民重农"是马端临政治思想的核心。他有志于儒家传统，无意于道家"清虚以自守，卑弱以自持"之术，对法家的严刑峻法也不苟同。他赞扬直言极谏，其求实、务实的精神是不朽的。

史学理论著作——文史通义

清乾隆时期，在浙江绍兴，有一个身体瘦弱的小孩呱呱落地了，他就是章学诚。章学诚自幼天资迟钝，记忆力很差。乡人都说他是"吃过肚肌，看过忘记"。

清代私塾上课雕像

面对众人的歧视、谩骂，年幼的章学诚并没有气馁。为了加强记忆，他把生字抄上十遍百遍，增强印象。遇到难词难句加倍努力，一一将它们摘抄下来，反复认真地诵读。不论寒冬酷暑，从不间断。

后来，成了家的章学诚随着父亲来到了湖北应城，从馆师学习举子业。但他对此却无心学习，于是偷偷说服了妻子，将金银首饰摘下，卖钱换来纸笔，雇来县里的小书吏，连夜抄录春秋内外传，以及东周、战国时的子、史书，然后根据自己的意图，把它们分开后重新组合，编纂成纪、表、志、传体裁的史书，共100多卷。

章学诚在青少年读书的时候就开始编纂历史，为他以后的著作奠定了基础。章学诚真正萌生撰写一部史学理论著作的想法，是在他29岁的时候。章学诚自己曾经说：

尝以二十一家义例不纯，体要多舛，故欲遍察其中得失利病，约为科律，作为数篇，讨论笔削大旨。

章学诚在乾隆年间的1767年，进入太学志局，参与《国子监志》的编修工作。但他一来到这里，便感到处处受牵制，难以施展自己的才干。数年之后，章学诚忍无可忍，于是愤然离开志局。此后不久，他给曾任顺天乡试考官、一向很关心和器重他的朱春浦先生写了一封长信，陈述了自己离开志局的原因和今后的打算。章学诚不顾旁人的议论讥笑，毅然向天资挑战，抱定了做一个杰出史学家的志向。

章学诚针对自己的缺陷，采取了各种有效的方法补救。一般人治史由博而专，他反其道而行之，由专到博，学一点巩固一点。

章学诚认为这种方法"学问之始未能记诵，博涉及深，将超记诵"，能够有效地克服记忆缺陷。他克服记忆缺陷的另一方法是做读书札记，他的许多著作都出自他的读书札记。

由于章学诚一生贫穷，为了生计常常要四处奔波，使他不可能安稳坐下来从事学术研究，所以《文史通义》一书的写作时断时续，进展十分艰难和缓慢。自章学诚35岁起至他64岁，历时29年，终于完成《文史通义》一书。

《文史通义》分内、外篇，内篇5卷，外篇3卷。内篇涉及哲学、史学、文学、社会学等领域，外篇为方志论文集。书中提出了"六经皆史"的观点，此实倡自明代王守仁，章学诚加以发展，认为经亦是史，史先于经，应据史以谈经，"切合当时人事"，将经学建立在史学的基础之上。

在史书编纂方面，章学诚注重史德，言"史所贵者义也，而所具者事也，所凭者文也"。在史书体例方面，他推崇通史，认为通史具有"六便"，即免重复、均类例、便铨配、平是非、去牴牾、详邻事和"二长"，即具剪裁、主家法的特点；对于纪事本末体，亦大加赞许，认为"文省于纪传，事豁于编年""决断去取，体圆用神"，兼有纪传体和编年体所不具备的优点。在为学态度方面，章学诚主张"言学术功力，必兼性情"，提倡经世，反对空谈。

值得注意的是，章学诚对于妇女的看法。在《妇学》篇里，他阐述了自己的妇女观，也可以说是一部"妇学"史，认为上天给予男女的聪明智慧是相同的，妇女也可以明诗礼。

《文史通义》写作时，部分文章传出，清代文字训诂学家段玉裁便为之叹绝，近人更将其与《史通》并称史学论著中之"双璧"。

阅读链接

　　章学诚从小很笨，常挨老师的板子。同学们都笑话他，可他说："记性差不要紧，我要笨鸟先飞。"一篇文章别人读几遍就读熟了，他要读几十遍、上百遍。凡是弄不明白的地方，他就抄下来问老师，或去查工具书。有一次，当他读到《中庸》的"人一能之，己百之，人十能之，己千之。果能此道矣，虽愚必明，虽柔必强"这句话时，豁然开通，他说："我终于明白了，我的学问为什么不好，就是我功夫没用到。"

　　"功夫不负有心人"，章学诚的学问大有长进，最后还写下了很多著作，流传后世。